Im Oktober 2011 sorgten Thilo Bode und seine Organisation food-watch mit ihrer Kampagne »Die Hungermacher« für Schlagzeilen. Sie prangerten die Rohstoffspekulationen der Großbanken, u. a. der Deutschen Bank, und deren Verantwortung für steigende Lebensmit-telpreise an.

Der renommierte Autor Harald Schumann erklärt schlüssig und leicht verständlich, was sich an den Rohstoffbörsen abspielt und wie die dort getätigten Geschäfte mit dem weltweit zunehmenden Hunger zusammmenhängen. Zudem dokumentiert Schumann, wie die Deut-sche Bank auf die Foodwatch-Kampagne reagierte und was bislang die Konsequenzen sind. Daraus ergeben sich ganz klare Forderungen an die Politik. Ein wichtiges Buch – ernüchternd und schockierend.

Harald Schumann, Jahrgang 1957, ist Journalist und Buchautor und arbeitet als Redakteur beim Tagesspiegel in Berlin. Er verfolgt seit vie-len Jahren das Geschehen auf den internationalen Finanzmärkten und berichtete vielfach über deren Verflechtung und Wechselwirkung mit der Politik. Dazu schrieb er zusammen mit Hans-Peter Martin den Bestseller »Die Globalisierungsfalle«, der in über 26 Sprachen über-setzt wurde. Zuletzt erschien sein gemeinsam mit Christiane Grefe verfasstes Buch »Der globale Countdown«.

Weitere Informationen, auch zu E-Book-Ausgaben, finden Sie bei www.fischerverlage.de

Harald Schumann

Die Hungermacher

Wie Deutsche Bank, Allianz und Co.
auf Kosten der Ärmsten
mit Lebensmitteln spekulieren

Ein foodwatch-Buch

FISCHER Taschenbuch

Erschienen bei FISCHER Taschenbuch,
Frankfurt am Main, März 2013

Originalausgabe
© S. Fischer Verlag GmbH, Frankfurt am Main 2013
Grafiken: Peter Palm, Berlin
Satz: Dörlemann Satz, Lemförde
Druck und Bindung: CPI – Clausen & Bosse, Leck
Printed in Germany
ISBN 978-3-596-19625-8

Inhalt

Prolog –
Eine Begegnung mit der Deutschen Bank

Vielleicht haben sie doch ein Herz. Das war mein erster Gedanke, als ich den Brief las, den Josef Ackermann, damals noch Vorstandsvorsitzender der Deutschen Bank, im Oktober 2011 an foodwatch-Chef Thilo Bode sandte. Darin versicherte er, sein Haus werde die von uns erhobenen Vorwürfe über die Mitschuld der Deutschen Bank an überhöhten Getreidepreisen prüfen und falls notwendig »Konsequenzen ziehen«. Schließlich sei »kein Geschäft es wert, den guten Ruf der Deutschen Bank aufs Spiel zu setzen«, schrieb er. Vielleicht, das legte Ackermanns Formulierung nahe, möchten selbst hartgesottene Investmentbanker nicht dazu beitragen, Hunger und Elend in den Armutsländern zu verschlimmern. Vielleicht haben sogar diese Leute, die ansonsten bedenkenlos ihre Kunden und Wettbewerber übers Ohr hauen, eine Grenze, hinter der sich ihr Gewissen regt. Vielleicht, so hoffte ich, ist die Finanzindustrie an diesem Punkt reformfähig.

Darum waren Thilo Bode und ich guten Mutes, als wir uns am 15. Dezember 2011 auf den Weg nach London machten, um mit den Mitarbeitern der von Ackermann berufenen »task force« zu sprechen, die den von uns erstellten Report prüfen sollte. Schließlich war – und ist – unsere Kritik an der von Ackermanns Händlern und Anlagemanagern befeuerten Spekulation mit Rohstoffen und Grundnahrungsmitteln gut begründet. An die 600 Milliarden Dollar haben Anleger und Investoren aller Art mit Hilfe der großen internationalen Banken und Versicherungen in Wertpapiere investiert, deren Wert an die Preise von Rohstoffen gekoppelt ist. Etwa ein Viertel dieser Summe dient direkt der Wette auf steigende Agrarpreise.

Ökonomen verschiedenster Institute von Amerikas Elite-Universitäten über die UN-Organisation für Handel und Entwicklung (Unctad) bis zur europäischen und japanischen Zentralbank haben in mehr als hundert wissenschaftlichen Arbeiten beschrieben, wie diese fälschlich als »Investment« bezeichneten Wetten die Preise auf den Rohstoffmärkten verzerren und über lange Phasen hohe Preisausschläge verursachen, für die Verbraucher, Verarbeiter und vor allem die Menschen in Entwicklungsländern teuer bezahlen – oder eben hungern müssen.*[1]

Eine solche Wirkung ihrer Rohstoffwetten hatten die Verantwortlichen der Finanzindustrie bis dahin stets rundheraus geleugnet. So war es ihren Lobbyisten bisher immer gelungen, unter Verweis auf vermeintlich fehlende wissenschaftliche Beweise die Initiativen von Politikern und Regierungen zur Begrenzung der schädlichen Geschäfte abzuwehren.

Diese Taktik des Abstreitens ist vor allem deshalb so erfolgreich, weil die moderne Rohstoffspekulation ein höchst abstrakter und undurchsichtiger Vorgang ist. Wo Spekulanten einst noch die jeweilige Ware in geheimen Lagern horteten, um so über eine künstliche Verknappung des Angebots die Preise zu treiben, operieren ihre modernen Nachfolger ausschließlich im elektronischen Cyberspace der Finanzwelt. Ihr Geschäft betreiben sie in den mit Computerbildschirmen vollgestellten Handelssälen von Banken, Versicherungen und Fonds, und ihre Instrumente heißen Futures, Optionen und Swaps. In vollständiger Anonymität können sie so mit ein paar Mausklicks Millionen Tonnen Getreide, Rohöl und andere Rohstoffe kaufen und verkaufen, ohne sich je mit der physischen Ware selbst zu befassen. Und so bleibt das umstrittene Geschäft dem Verständnis der meisten Bürger und damit auch der politischen Kontrolle weitgehend entzogen.

* Die Anmerkungen stehen am Ende des Bandes ab Seite 161.

Um diese Hürde zu überwinden und den Schleier der vermeintlichen Komplexität zu lüften, veröffentlichte foodwatch im Oktober 2011 eine erste Version dieses Reports, der die Funktionsweise der Rohstoffbörsen und der zugehörigen Geschäfte ausführlich erklärt und auf Basis einer aufwendigen Recherche den Stand der wissenschaftlichen und politischen Auseinandersetzung zum Thema beschreibt. Gleichzeitig schrieb Thilo Bode einen offenen Brief an Ackermann mit der Forderung, seine Verantwortung als Konzernchef wahrzunehmen und in der Bank den Rückzug aus dem Rohstoffgeschäft durchzusetzen. Beinahe alle deutschen Medien berichteten darüber, und binnen weniger Wochen unterschrieben mehr als 50 000 Bürger den Appell »Mach dich vom Acker, Mann!«.

Dabei war die Deutsche Bank keineswegs willkürlich ausgewählt. Vielmehr zählt der globale Geldriese deutscher Provenienz weltweit zu den führenden Anbietern für Rohstoffanlagen aller Art. Die Deutsche Bank war sogar einer der Pioniere des Geschäfts und bot als erste Bank überhaupt börsengehandelte Rohstoff-Fonds an. Heute machen diese sogenannten Exchange Traded Funds (ETF) fast die Hälfte des gesamten Handelsvolumens für Rohstoffpapiere aus. Und ausgerechnet beim Verkauf von Wetten auf steigende Agrarpreise ist die Deutsche Bank neben dem Allianz-Konzern der weltweit größte Anbieter. Allein über ihren Fonds Power Shares DB Agriculture sind mehr als zwei Milliarden Dollar in Preiswetten auf Agrarrohstoffen angelegt. Insgesamt, so ergab eine Studie der holländischen Stiftung Somo, verwaltet die Bank Anlagen von mehr als fünf Milliarden Dollar, die auf steigende Agrarpreise setzen.[2]

Es gab also genügend Stoff für die angesetzte Diskussion mit Ackermanns »task force« im Winchester House, der Zentrale für das Investmentbanking der Deutschen Bank im Herzen des Londoner Finanzdistrikts. Gleich sechs Mitarbeiter hatte die Bank aufgeboten, um mit uns zu sprechen. Darunter waren

Martin Lawless, Manager aus der Abteilung »Global Markets« und per Video aus New York zugeschaltet John Redpath, der dortige Chefhändler für das Rohstoffgeschäft. Den Vorsitz jedoch führte Sabine Miltner, Leiterin des Teams für »Corporate Social Responsibility« (CSR), also zuständig für die Darstellung der Bank als sozial verantwortliches Unternehmen. Mit dabei waren zudem eine Ökonomin aus der Frankfurter Forschungsabteilung sowie ein Experte für Klimawandel. So merkwürdig diese Zusammenstellung erschien, so krude war auch die Eröffnung durch CSR-Chefin Miltner. Allen Ernstes hob sie zunächst an, uns über die guten, selbst gesetzten Regeln der Deutschen Bank in Sachen Umwelt und Rohstoffe aufzuklären. Das auf nur eine Stunde angesetzte Treffen drohte, in Belanglosigkeiten zu verstreichen. Darum intervenierte Bode und bat darum, die Zeit doch mit der Debatte über unseren Report zu nutzen, den wir lange zuvor auch in englischer Übersetzung an die Bank geschickt hatten. Dafür waren wir schließlich angereist. Für einen kurzen Moment schaute Frau Miltner irritiert, aber da brach es schon aus dem New Yorker Chefhändler heraus: »This report is totally misguided«, hielt er uns vor, völlig daneben also. Es gebe gar keinen Zusammenhang zwischen dem von der Bank betriebenen Handel mit Rohstoffderivaten und den Preisen im physischen Handel mit Getreide. Da gehe es nur um Angebot und Nachfrage und mehr gebe es dazu auch nicht zu sagen. Jetzt war es an uns, irritiert zu sein. »Haben Sie den Bericht denn gelesen?«, fragte Bode verunsichert nach, und die Antwort kam prompt: »Nein, nur die Stichpunkte, aber das reicht ja auch.«

Anschließend begann Ridpath' Londoner Kollege Lawless über die Schwierigkeiten der Landwirtschaft und der Nahrungsmittelversorgung in Entwicklungsländern das zu referieren, was er so im Internet gefunden hatte. Und abwechselnd hielten die beiden Banker uns eine Stunde lang all jene Scheinargumente vor, die wir in unserem Bericht längst Punkt für Punkt widerlegt hatten. Aber jeden Versuch, doch bitte diese Tabelle und jene Graphik anzusehen und die dort belegten Zusammenhänge zu diskutierten, wehrte Ridpath mit dem Hinweis ab, der Report liege ihm jetzt gerade nicht vor. Das war sogar der angereisten Wissenschaftlerin aus der Forschungsabteilung sichtlich peinlich. Aber als wir sie nach ihrer Sicht der Dinge fragten, errötete sie nur und beteuerte, die Forschungsergebnisse zum Thema seien bisher eben sehr widersprüchlich. Mit den beiden Investmentbankern wollte sie sich offenkundig nicht anlegen.

Als wir nach einer guten Stunde schließlich den Ort der absurden Veranstaltung verließen, hatten wir zwar nichts erreicht, aber wir waren um eine wichtige Erfahrung reicher. Denn wir waren Zeugen und Adressaten einer Demonstration geworden, die gleich zwei Ziele verfolgte.

Zunächst wurde klargestellt, dass Ackermann schon zu diesem Zeitpunkt, sechs Monate vor seiner bereits beschlossenen Ablösung, nicht mehr Herr im Konzern Deutsche Bank war. Mochte er auf Rat seiner PR-Experten auch etwas anderes öffentlich versprochen haben; den betroffenen Managern der Bank war das herzlich egal, und das zeigten sie deutlich. Entscheidend war nur noch, was sein Nachfolger Anshu Jain plante, der bis dahin das Investmentbanking leitete und somit auch für den Aufbau des Rohstoffgeschäfts verantwortlich ist. Und ganz offensichtlich hat Jain nicht vor, der PR-Strategie seines Vorgängers zu folgen. Das zeigte sich kurz darauf, als die Bank den ursprünglich angekündigten Zeitplan verwarf. Noch im Oktober hatte ein Bank-Sprecher auf Ackermanns Anweisung angekündigt, die »task force« werde bis Ende Januar 2012 dem Vorstand einen Bericht über ihre Prüfung unseres Reports vorlegen. Anschließend werde dieser sich mit dem Thema befassen. Im Januar dagegen teilte die Bank mit, die Experten der

Bank würden nun ihrerseits eine eigene Studie erstellen und das werde voraussichtlich bis Ende des Jahres dauern, da gehe »Gründlichkeit vor Schnelligkeit«. Von Ackermanns Angebot zum offenen Dialog war keine Rede mehr.

Dafür stand aber das Ergebnis der Studie schon von vornherein fest, wie der vom neuen Bank-Chef Anshu Jain bestellte Chefökonom David Folkerts-Landau im Juni 2012 im Bundestag klarstellte. Es gebe »keine empirischen Aussagen über die Rolle von Finanzanlagen für die Preisbildung bei Agrarrohstoffen« und folglich auch keinen Handlungsbedarf, sagte er bei einer Expertenanhörung – eine Behauptung, die einer absichtlichen Irreführung und Verhöhnung der Parlamentarier gleichkommt. Schließlich räumen längst auch die Analysten der Bank selbst ein, dass mittlerweile die Akteure an den Finanzmärkten die Preise mindestens so stark beeinflussen wie Schwankungen bei Angebot und Nachfrage im physischen Rohstoffhandel.[3]

Auch die zweite Botschaft der inszenierten Konfrontation in London war nicht zu überhören: Was immer Kritiker aus der Zivilgesellschaft an den Praktiken der Deutschen Bank auszusetzen haben, die neuen – und alten – Herren der Bank haben nicht vor, sich dadurch ihr Geschäft verderben zu lassen. Mag auch das Risiko bestehen, dass sie damit den Ärmsten der Welt Hunger und Not bringen, es geht einfach um zu viel Geld. Das Herz, das Ackermann zeigen wollte, die neue Führungsriege der Deutschen Bank hat es jedenfalls nicht.

Umso dringender ist es daher, dass möglichst viele Menschen die Zusammenhänge erkennen und sich für die notwendigen politischen Reformen einsetzen. Die Chancen dafür, das belegt dieser jetzt aktualisierte Report, stehen weit besser, als die Arroganz der Täter glauben machen will.

foodwatch-Thesen

1. Hunger durch hohe Lebensmittelpreise

Wenn Menschen 80 Prozent ihres Einkommen für Lebensmittel ausgeben müssen – und nicht nur 10 bis 20 Prozent, wie in den reichen Industrieländern –, dann sind Preissteigerungen für Getreide, Brot und andere Grundnahrungsmittel für sie eine existentielle Bedrohung. 2011 waren Weizen, Mais und Reis im weltweiten Durchschnitt nach Abzug der Inflation 150 Prozent teurer als im Jahr 2000. Allein im Jahr 2010 wurden 40 Millionen Menschen zusätzlich durch höhere Nahrungsmittelpreise in Hunger und absolute Armut gestürzt. Die Spekulationen mit Lebensmitteln wie Mais, Soja und Weizen an den Rohstoffbörsen stehen im dringenden Verdacht, diese Armut und den Hunger mitverursacht zu haben. Das geht uns alle an. Denn wenn wir in einen Pensionsfonds oder eine Lebensversicherung einzahlen, finanzieren wir über unsere Altersvorsorge möglicherweise auch die Spekulation auf steigende Lebensmittelpreise. Obwohl Banken und Versicherungen jeden Verdacht von sich weisen: Es gibt immer mehr stichhaltige Belege dafür, dass die Geldanlage auf den Märkten für Rohstoffe und Lebensmittel Hunger verursachen.

2. Rohstoffhandel als Kapitalanlage

Seit Beginn des vergangenen Jahrzehnts sind die Rohstoffmärkte – von Metallen über Rohöl bis hin zu Weizen, Mais und Soja – ein bevorzugtes Ziel von Kapitalanlegern. Eine wachsende Weltbevölkerung und die weltweite wirtschaftliche Expansion würden stetige Nachfrage nach Rohstoffen schaffen und deshalb den Kauf von Rohstoffen zu einem lohnenden Geschäft machen – so lauten die Werbeversprechen der Finanzinstitute, und mit dieser Erwartung investieren die Anleger. Mittlerweile haben Pensionsfonds, Versicherungen, Stiftungen und eine große Zahl von individuellen Investoren mehr als 600 Milliarden Dollar an den Rohstoffbörsen angelegt.

3. Börsen brauchen Spekulanten

Allerdings handelt es sich bei diesen Investitionen nicht etwa um die Beteiligung an Rohstoffunternehmen oder Agrarbetrieben. Die Anleger kaufen vielmehr die an den Rohstoffbörsen gehandelten sogenannten Futures. Dabei handelt es sich um Verträge über Rohstoffkäufe oder -verkäufe, die zu einem Termin in der Zukunft abgewickelt werden. Traditionell dienen diese Verträge den Anbietern und Verarbeitern von Rohstoffen zur Preisabsicherung zukünftiger Geschäfte. Nur so können sie mit Produkten, die – wie Rohstoffe – starken Preisschwankungen unterliegen, sicher kalkulieren. Ein Brotfabrikant kann sich so zum Beispiel eine Weizenlieferung in sechs Monaten zu einem festen Preis reservieren, damit er für seine Brotproduktion keine Verluste fürchten muss. Damit Käufer und Verkäufer immer genug Abnehmer und Anbieter für Geschäfte in der Zukunft finden, ist es erforderlich, dass es genug Akteure gibt, die ausschließlich mit diesen Futures handeln und damit Geld verdienen wollen, und die mit dem eigentlichen physischen Geschäft nichts zu tun haben. Diese Rolle füllen die »Spekulanten« aus. Sie sind – in einer gewissen Anzahl – deshalb unverzichtbar, damit Börsen überhaupt funktionieren können.

4. Von der »nützlichen« zur »exzessiven« Spekulation

Von diesen traditionellen Spekulanten unterscheiden sich jedoch die heute an den Börsen überwiegend tätigen Investoren. Sowohl das Volumen ihrer Geschäfte als auch ihre Anlagestrategie haben mit den eigentlichen Rohstoffgeschäften von Produzenten und Verarbeitern und der damit verbundenen notwendigen Preisabsicherung nichts mehr zu tun. Die Anleger investieren vielmehr in Futures, weil sie diese langfristig als rentable Kapitalanlage betrachten. Dies hat den Anteil des rein spekulativen Handels am Gesamtmarkt für Rohstoff-Futures von ehedem rund 30 auf heute etwa 80 Prozent anschwellen lassen.

5. Legalisierte Preistreiberei

Diese Entwicklung wurde möglich, weil die Regierungen in den USA und Europa Anfang des Jahrhunderts den Handel mit Futures deregulierten und auch den ausschließlich finanzmarktgetriebenen Investoren unbeschränkten Zugang zu den Rohstoffbörsen ermöglichten. Dies hatte jedoch gravierende Auswirkungen. Die Märkte für Rohstoff-Futures wurden ursprünglich eingerichtet, um es Produzenten und Verarbeitern zu ermöglichen, sich gegen Preisschwankungen abzusichern. Als Instrument zur Kapitalanlage waren sie nie gedacht und sind wegen des begrenzten Volumens der zugrundeliegenden physischen Güter dafür auch nicht geeignet. Indem die Investoren sie nunmehr als Kapitalanlage nutzen, schaffen sie aber aufgrund ihrer Marktmacht über längere Phasen eine scheinbare zusätzliche Nachfrage nach Rohstoffen, die letztlich dazu führt, dass die Rohstoffpreise höher sind, als sie es ohne diese finanzmarktgetriebenen Investitionen wären.

6. Preise – losgelöst von Angebot und Nachfrage

Das Auftreten der Kapitalanleger auf den Rohstoffmärkten hat gleichzeitig die Rohstoffbörsen an die allgemeine Entwicklung der Finanzmärkte gekoppelt. In der Folge treiben deshalb Faktoren wie Zinshöhe, Risikobereitschaft oder fallende Aktienkurse die Preise für Rohstoffe, völlig unabhängig davon, wie sich Angebot und Nachfrage für die physische Ware entwickeln. Das bedeutet nicht, dass Missernten, ein Rückgang der Ölförderung oder steigender Verbrauch für die Erzeugung von Bio-Treibstoffen nicht ebenso die Rohstoffpreise steigen lassen. Aber die Finanzanleger können die damit ausgelösten Preisschübe in hohem Maße verstärken und verlängern.

7. Die Preise der Zukunft bestimmen die Preise der Gegenwart

Auf den Märkten für den physischen Handel dienen die Future-Preise als Referenzpreise für das Angebot und die Nachfrage von Rohstoffen. Für einen Getreideproduzenten wäre es ökonomisch unsinnig, Ware signifikant billiger anzubieten als zum Preis der Futures, die ihm diese Finanzinstrumente für einen Zeitraum von einem oder zwei Monaten im Voraus garantieren. Genauso wenig macht es für einen Getreideverarbeiter Sinn, Ware in der Gegenwart teuer zu kaufen, wenn er sie in naher Zukunft billiger beziehen kann. Die sogenannten Spotpreise, also die Preise für den physischen Handel, folgen demzufolge jeweils den Future-Preisen. Wenn aber die Preise für die Futures aufgrund finanzmarktgetriebener Anlegerstrategien höher sind, als sie es ohne diese Anleger wären, hat das vor allem auch bei Lebensmitteln unmittelbar negative Konsequenzen.

8. Wie Rohstoffwetten den Brotpreis hochtreiben

Renommierte Ökonomen, darunter zum Beispiel der Nobelpreisträger Paul Krugman, argumentieren, die Investitionen in Futures an den Rohstoffbörsen seien lediglich Wetten, einem Nullsummenspiel vergleichbar, sie könnten gar nicht die Spotpreise verzerren. Dieses Argument trifft für »normale« Spekulanten zu, deren Handel mit Futures sich nach der tatsächlichen Entwicklung von Angebot und Nachfrage für Rohstoffe auf dem physischen Markt richtet. Doch die finanzmarktgetriebenen Anleger an den Rohstoffbörsen verhalten sich nicht wie normale Spekulanten, sondern sie kaufen ausschließlich, unbeeinflusst von Angebots- und Nachfrageentwicklung kontinuierlich und über einen längeren Zeitraum hinweg und verkaufen gar nicht und verteuern dadurch die Future-Preise – und damit eben auch die Spotpreise – »künstlich«. Die vorliegenden wissenschaftlichen Auswertungen der in den USA erhobenen Börsendaten zeigen, dass die anwachsende Kapitalanlage auf den Rohstoffmärkten Getreide, Speiseöl und Benzin über lange Phasen um bis zu 25 Prozent verteuern. Die Folgen treffen vor allem die Armutsbevölkerung in den Entwicklungsländern, deren Lebensmittel- und Energieversorgung von Importen und den Weltmarktpreisen abhängig ist.

9. Rohstoffwetten: Die Banken verdienen immer

Die Nutzung der Rohstoffmärkte als Kapitalanlage hat keinen volkswirtschaftlichen Nutzen. Anders als die Investitionen auf den Märkten für Aktien und Anleihen dient sie nicht der Vermittlung von Kapital an Unternehmen oder Staaten für produktive Zwecke. Vielmehr handelt es sich allein um Wetten auf die Wertentwicklung der gehandelten Rohstoffe. Dabei sind die

Erträge für die Anleger eher bescheiden und durch andere Anlagestrategien mindestens ebenso gut zu erreichen. Die Lenkung von Anlagekapital auf die Märkte für Rohstoffe dient dagegen vor allem den Interessen der beteiligten Finanzinstitute und Börsenkonzerne, die dabei ohne jedes Risiko über die erhobenen hohen Gebühren sichere Gewinne erzielen. Deshalb haben diese auch das größte Interesse, dass sich an der gegenwärtigen Situation nichts ändert.

10. Kein Mangel an Beweisen

Die verantwortlichen Manager der Finanzbranche argumentieren, es gebe keine Beweise dafür, dass Finanzinvestoren auf den Rohstoffmärkten einen mehr als nur kurzfristigen Einfluss auf das Preisniveau haben. Diese Behauptung ist nicht haltbar. Für den Rohölmarkt ist dieser Zusammenhang sogar unter den Fachleuten der Finanzbranche selbst nicht mehr umstritten. Weil die Ölpreise aber über die Ausgaben für Treibstoff und Düngemittel zu etwa einem Viertel unmittelbar auf die Kosten der Getreideproduktion und -vermarktung durchschlagen, kann der Einfluss der Finanzanleger auf die Nahrungsmittelpreise schon deshalb als gesichert gelten. Zahlreiche in diesem Report angeführte empirische und ökonometrische Untersuchungen von Fachleuten aus angesehenen Institutionen und Universitäten haben diesen Einfluss aber auch für den Lebensmittelsektor belegt.

11. Regulierung, um Leben zu retten!

Die Belege reichen nach Auffassung von foodwatch aus, um den Missbrauch der Rohstoffbörsen für die Kapitalanlage zu verbieten. Aber selbst wenn die Verantwortlichen in Finanz-industrie und Regierungen diese Belege nicht als beweiskräftig anerkennen, entbindet sie das nicht von der Verantwortung, gegen diese Finanzinnovationen vorzugehen. Denn diese stehen zumindest im dringenden Verdacht, die Gesundheit von Menschen zu schädigen. Das allein aber verstößt schon gegen Europäisches Grundrecht. Im Vertrag von Lissabon, also in der »EU-Verfassung«, ist das Vorsorgeprinzip als konstitutives Element verankert (Artikel 191). Es schreibt präventives Handeln zum Schutz von Leib und Leben vor, wenn stichhaltige Belege vorhanden sind, aber noch keine letzte wissenschaftliche Klarheit über kausale Zusammenhänge besteht. Es bezieht sich auf die Umweltpolitik der Union, schließt aber ausdrücklich den Schutz der Gesundheit von Menschen ein. Ausgehend vom Vorsorgeprinzip muss bei der Beurteilung der Finanz-marktinvestitionen im Rohstoffbereich daher die Umkehr der Beweislast gelten: Die Anbieter und Vermarkter müssen die Unschädlichkeit ihres Tuns beweisen. Solange die beteiligten Finanzunternehmen dazu nicht in der Lage sind, ist es rechtlich zwingend geboten, dass Regierungen und Aufsichtsbehörden alles tun, um mögliche Gefahren für Leben und Gesundheit der Menschen in den Armutsländern durch die Rohstoffspekulation abzuwenden. Das heißt im Klartext: Der Handel mit Rohstoff-Futures muss strikt reguliert werden.

foodwatch-Forderungen

Positionslimits einführen

Der Einfluss der Finanzanleger auf die Preisentwicklung von
Rohstoffen muss zurückgedrängt werden. Dazu muss die absolute Zahl der zum Zweck der Spekulation geschlossenen Warenterminverträge begrenzt, das heißt, es müssen Positionslimits
definiert werden. Der amerikanische Kongress hat mit der im
Juli 2010 verabschiedeten Reform der Finanzmarktgesetze die
zuständige Aufsichtsbehörde bereits beauftragt, solche Positionslimits zu erlassen. Eine vergleichbare Gesetzgebung gibt
es dagegen in der Europäischen Union bisher nicht. Die anstehende Reform der EU-Richtlinie über die Märkte für Finanzinstrumente eröffnet aber die Möglichkeit, solche Positionsgrenzen auch an den europäischen Rohstoffbörsen zwingend
vorzuschreiben. foodwatch fordert daher die Bundesregierung
auf, sich dem bereits beschlossenen Votum des Europäischen
Parlaments anzuschließen und gegenüber der EU-Kommission
und den Regierungen der übrigen EU-Staaten auf die Einführung von wirksamen Positionslimits für den Handel mit Rohstoff-Futures zu dringen.

Institutionelle Investoren vom Rohstoffgeschäft ausschließen

Ob Positionsgrenzen allein die Spekulation ausreichend zurückdrängen, ist aber keineswegs sicher. Um sie wirksam einzu-
setzen, müssen die Aufsichtsbehörden sicher unterscheiden

können, welche Transaktionen nur für spekulative Zwecke gezeichnet werden und welche der Preissicherung für den Handel mit der physischen Ware dienen. Diese Unterscheidung wird aber zusehends schwieriger, weil auch Finanzkonzerne wie Morgan Stanley, Deutsche Bank oder Goldman Sachs mittlerweile in den physischen Handel eingestiegen sind, während die Ölkonzerne wie Shell und BP sowie die großen Getreidehandelsunternehmen Cargill, Bunge und ADM ihrerseits auch im Geschäft mit spekulativen Finanzanlagen auf dem Rohstoffmarkt operieren. Darum ist es notwendig, zusätzlich auch die Kapitalquellen für die Rohstoffspekulation trockenzulegen. Die größten Anlagen zeichnen Pensionsfonds, Versicherungen und die Verwalter von Stiftungsvermögen. foodwatch fordert die EU-Kommission und die Bundesregierung daher auf, die ohnehin bestehenden Auflagen für solche institutionellen Investoren mit einem Verbot der Anlage in Rohstoffderivaten zu ergänzen.

Publikumsfonds und Zertifikate für Rohstoffe verbieten

Nicht minder fragwürdig sind auch die Publikumsfonds und zahllosen Zertifikate, welche die Finanzindustrie für individuelle Anleger aufgelegt haben, um diese an der Rohstoffspekulation zu beteiligen. Auch diese »Exchange Traded Funds« (ETF) und »Exchange Traded Notes« (ETN) leiten mehr als hundert Milliarden Dollar und Euro auf die Rohstoffmärkte, ohne irgendeinen volkswirtschaftlichen Nutzen zu erzeugen. Stattdessen beteiligen sie Hunderttausende von Anlegern an einem ethisch und rechtlich unhaltbaren Wettspiel, das für die Armutsbevölkerung in vielen Ländern der Welt verheerende Folgen hat. foodwatch fordert daher die Gesetzgeber in Europa auf, den Emittenten von Rohstoff-Fonds und -zertifikaten zumindest die Anlage in Agrar- und Energierohstoffen zu verbieten.

1 Was macht das Brot an der Börse?

Rund eine Milliarde Menschen weltweit können sich nicht ausreichend ernähren, weil sie nicht genügend Geld haben, um die benötigten Nahrungsmittel zu kaufen. Unterernährung und die dadurch verursachten Krankheiten sind in mehr als 40 Ländern der Erde noch immer die wichtigste Todesursache. Und mit beängstigender Routine warnen Regierungen, Hilfsorganisationen und die Institutionen der Vereinten Nationen (UN) beinahe wöchentlich, dass die Lage sich weiter verschlechtert. Denn seit dem Jahr 2000, unterbrochen nur vom Einbruch der Nachfrage infolge der großen Finanzkrise des Jahres 2008, steigen die Preise für Grundnahrungsmittel im globalen Maßstab. Gleich ob Getreide, Speiseöl, Zucker oder Milch: Alle wichtigen agrarischen Rohstoffe für die menschliche Ernährung waren auf den Weltmärkten im Sommer 2012 nach Abzug der Inflation mindestens doppelt so teuer wie zehn Jahre zuvor.[4] Die Preise für die drei wichtigsten Getreidearten Weizen, Mais und Reis liegen im Durchschnitt sogar um fast 300 Prozent über jenen des Jahres 2000. In den reichen Industriestaaten, wo die Verbraucher weniger als zehn Prozent ihres Einkommens für Nahrungsmittel ausgeben und der Rohstoffanteil nur einen Bruchteil am Verkaufspreis ausmacht, fällt das für die meisten Menschen kaum ins Gewicht, sie bemerken es zumeist nicht einmal. Doch für die rund zwei Milliarden Menschen in den Entwicklungsländern, die den größten Teil ihrer Einkünfte für die Ernährung verwenden müssen, bedeuten die Preissteigerungen gravierende Einschränkungen, und vielen bringen sie Krankheit und Tod.

Allein im Jahr 2010 seien die Nahrungsmittelpreise um mehr

als ein Drittel gestiegen, berichtete die Weltbank und schätzte die Zahl der Menschen, die dadurch zusätzlich in absolute Armut gestürzt wurden, auf mehr als 40 Millionen. Diese verhängnisvolle Entwicklung schaffe ein »giftiges Gemisch aus menschlichem Leid und sozialem Aufruhr«, warnte Weltbank-Chef Robert Zoellick. Wenn die Preise jetzt noch einmal, wie von vielen Fachleuten befürchtet, um ein Drittel steigen würden, seien weitere 30 Millionen Menschen von Hungersnot bedroht.[5] Die Welt, so erklärte Zoellik, stehe an einem »tipping point«, einem Wendepunkt, hinter dem Hungerrevolten ganze Staaten erschüttern könnten, wie es auch 2008 schon geschah. Damals führte die Preisexplosion für Getreide aller Art zu Massenprotesten in gleich 30 Staaten in Asien, Afrika und Mittelamerika, die erst wieder abebbten, als mit dem Einsetzen der Finanzkrise die Rohstoffpreise weltweit drastisch fielen. Die gleiche Sorge treibt auch Donald Kebruka, den Leiter der Afrikanischen Entwicklungsbank in Tunis, um. Die Kombination aus steigenden Preisen für Nahrungsmittel und Öl schaffe einen »Molotow-Cocktail für Afrika«, mahnte der ausgewiesene Entwicklungsexperte für den afrikanischen Kontinent. Betroffen sei insbesondere die Armutsbevölkerung in den Städten, die für Essen und Transport nicht mehr zahlen könne. In Uganda und Burkina Faso habe dies bereits zu sozialen Unruhen geführt, andere Länder könnten folgen.[6] Besonders hart trifft es auch die Bevölkerung in den Armutsstaaten Zentralamerikas, deren wichtigstes Nahrungsmittel, das Maisbrot, die Tortilla, binnen Jahresfrist um bis zu 70 Prozent teurer wurde. Gleichzeitig klagen die Mitarbeiter des »World Food Programm« der UN, das rund 90 Millionen Menschen in aller Welt mit Nahrung versorgt, über die enorm gestiegenen Kosten für ihre Getreidekäufe, die das Budget der Organisation zu sprengen drohen. Dringend würden mehr Mittel benötigt, um Katastrophen zu vermeiden oder wenigstens zu lindern. Die Welt fahre, konstatierte die deutsche Welthungerhilfe, »mit Vollgas in die nächste Hungerkrise«.[7]

Während so die Agrarpreise immer neue Höhen erreichen und die Warnmeldungen aus den Armutsregionen sich häufen, verzeichnet auch das andere Ende der Weltgesellschaft einen Rekord: Bis Ende März 2012 hatten Investoren aller Art, von milliardenschweren Pensionsfonds über die Versicherungskonzerne bis hin zu vielen tausend Kleinanlegern mehr als 435 Milliarden Dollar in Wertpapiere investiert, mit denen sie vom Anstieg der Rohstoffpreise profitieren, meldete die britische Großbank Barclays. Rechnet man die Investitionen für die Finanzinstrumente auf Rohstoffpreise hinzu, die außerhalb der Börsen abgeschlossen werden, dann waren es sogar weit über 600 Milliarden Dollar. Dies ist mehr als je zuvor und mehr als das Vierzigfache dessen, was zu Beginn des vergangenen Jahrzehnts in diesem Sektor des Kapitalmarktes angelegt wurde. Knapp ein Viertel dieser Summe floss in Anlagen für Agrarrohstoffe, berichten die Analysten der Barclays Bank, die selbst zu den führenden Investmenthäusern an den Rohstoffmärkten zählt. Der Agrarbereich ziehe nicht nur die meisten Mittel an, sondern sei dabei auch der »Sektor mit der besten Performance« und habe seit Anfang 2010 bis zu 50 Prozent Rendite eingebracht, hatten die Barclays-Analysten schon ein Jahr zuvor ermittelt. Insgesamt, so stellen die Investmentstrategen fest, sei »jetzt die Zeit, wo die Entscheidung, das Portfolio über Rohstoffanlagen zu diversifizieren, sich am besten auszahlt«.[8]

Boomende Rohstoffmärkte und wachsende Not auf der einen, euphorische Investoren und ihre Milliardengewinne auf der anderen Seite – die parallelen Entwicklungen legen einen Verdacht nahe, der ebenso simpel wie ungeheuerlich ist: Macht da die kleine Minderheit der Reichen ihre Geschäfte mit der Not der großen Mehrheit? Schlimmer noch: Sind es womöglich die Kapitalanlagen auf den Rohstoffmärkten, die selbst die Preise in die Höhe treiben?

Für Frankreichs ehemaligen Präsidenten Nicholas Sarkozy scheinen diese Fragen längst beantwortet. Die Spekulation mit Rohstoffen und Agrargütern erzeuge »einfach Wucher« und bedeute »eine Plünderung« der armen Länder, die auf Nahrungsmittel- und Ölimporte angewiesen sind, erklärte er im Februar 2011 bei einer Versammlung der Afrikanischen Union in Adis Abeba.[9] Als erster Regierungschef eines großen Industrielandes machte er sich damit zu eigen, was viele Nord-Süd-Aktivisten und auch zahlreiche Entwicklungshilfe-Organisationen schon seit Jahren fordern: Die Spekulation treibe die Preise und müsse begrenzt werden, indem an den Börsen und Märkten für Rohstoffanlagen neue Regeln eingeführt werden.[10] Die diesjährige Präsidentschaft seiner Regierung in der G20-Gruppe nutzte Sarkozy daher, um von den führenden Industrie- und Schwellenländern eine weltweit koordinierte Regulierung des Rohstoffhandels einzufordern.

Doch so naheliegend diese Forderung ist, so energisch ist auch der Widerstand, der Sarkozy und anderen Kritikern der Rohstoffinvestoren entgegenschlägt. Nicht nur dass zahlreiche G20-Regierungen, insbesondere jene der großen Rohstoffexportstaaten Brasilien und Kanada Sarkozys Vorstoß rundheraus eine Absage erteilten. Zugleich weist die global organisierte Gemeinde der Investmentbanker und mit ihnen zahlreiche einflussreiche Ökonomen mit aller Macht die zugrundeliegende These von der Spekulation als Preistreiber zurück. Und auch sie haben ein starkes Argument: Demnach ist die zentrale Ursache für die Preissteigerung, dass die Produktion insbesondere bei Getreide und Ölsaaten und der Förderung von Rohöl nicht schnell genug zunehme, um die wachsende Nachfrage zu decken, die sich aus dem Aufstieg der Schwellenländer ergibt. »Diese langfristigen Trends, einschließlich des zunehmenden

Fleischkonsums der wachsenden Mittelschichten in den Schwellenländern und der zunehmenden Nutzung von Bio-Treibstoffen in den Industriestaaten, sind der Hintergrund für den globalen Mangel an Nahrung«, schreibt zum Beispiel Steve Strongin, Chef des Investment Research bei der im Rohstoff-Handel führenden US-Investmentbank Goldman Sachs, und weiß sich darin einig mit vielen Ökonomen quer durch alle beteiligten Institutionen von der OECD über die FAO bis hin zur EU-Kommission.[11]

Dieses Argument ist im Grundsatz auch nicht zu bestreiten. Tatsächlich tragen viele verschiedene Faktoren zur Verteuerung der Nahrung bei. Dazu zählt keineswegs nur die steigende Nachfrage, die ja im Prinzip durch steigende Produktion ausgeglichen werden könnte, wie es über Jahrhunderte auch stets gelang. Doch die große Mehrzahl der heute vom Mangel betroffenen Entwicklungsländer hat bis zur Hungerkrise des Jahres 2008 die Investitionen in ihre Landwirtschaft über Jahrzehnte sträflich vernachlässigt. Darum erreicht die Produktivität der Agrarwirtschaft dort oft ein nur mittelalterliches Niveau. Gleichzeitig haben die USA und die Europäische Union jahrzehntelang die Märkte der Entwicklungsländer mit Nahrungsmittellieferungen geflutet, die zu Dumpingpreisen geliefert wurden und so der dortigen Agrarentwicklung den wirtschaftlichen Boden entzogen.[12] Und unbestreitbar ist auch, dass die Nutzung von Mais und Ölsaaten für Biotreibstoffe die Nachfrage nach Getreide erheblich angehoben hat, während zugleich die Verteuerung von Rohöl und Erdgas Dünger und Diesel teuer machen und so ihrerseits die Getreideproduktion verteuern.

All das liefert jedoch keine Antwort auf die eigentlichen Fragen, die mit dem Aufstieg von Rohstoffinvestments zum Renner auf dem Markt für Kapitalanlagen verbunden sind: Warum wird das Brot für die Welt überhaupt über Börsen gehandelt, und das noch dazu von Kapitalanlegern, die weder mit der Produktion noch mit der Verarbeitung von Nahrungsmitteln in irgendeiner Verbindung stehen? Welchen wirtschaftlichen Sinn macht es, dass an den Rohstoffbörsen täglich ein Mehrfaches des gesamten Weltgetreideverbrauchs oder der Ölproduktion gehandelt wird? Wer zahlt letztlich für die Gewinne der Anleger, wenn nicht doch die Verbraucher? Und ungeachtet der anderen preistreibenden Faktoren: Könnte es nicht doch sein, dass die massenhafte Spekulation auf den Rohstoffmärkten den Preisauftrieb und damit die Not von vielen Millionen Menschen zwar nicht verursacht, aber doch drastisch verschärft?

Für diese Behauptung gebe es »keinen Beweis«[13], so lautet das seit Jahren von der Finanzwelt und ihren Ökonomen vorgetragene Mantra, wie es auch die Rohstoffanalysten von Barclays Capital in einer im Februar 2011 veröffentlichten Studie wieder feststellten. Doch mindestens ebenso viele unabhängige Experten haben umfangreiche Studien vorgelegt, in denen sie eben das ausführlich belegen, und der erbittert geführte akademische Disput hält bis heute an.

Wer wissen will, welche Seite die besseren Argumente hat, der trifft auf ein höchst komplexes Geflecht von Banken, Börsen und Finanzinvestoren, die ihr umstrittenes Geschäft mit Begriffen wie Futures und Forwards, OTC-Swaps oder Index-Fonds beschreiben und aller Kritik stets mit einem Berg von Daten begegnen, deren Überprüfung von Laien kaum zu leisten ist. Parallel dazu sind aber längst auch die Regierungen, Parlamente und Aufsichtsbehörden in den USA und der Europäischen Union in einen Machtkampf mit der Finanzindustrie über die Neuregulierung der Rohstoffmärkte verstrickt. Und auch auf dieser Ebene arbeiten die Akteure mit Begriffen und Methoden, welche die im Grundsatz so wichtige Auseinandersetzung weitgehend der öffentlichen Debatte entziehen.

Dieses Buch verfolgt das Ziel, umfassend und verständlich alle jene zu informieren, die sich von der Komplexität der Debatte nicht abschrecken lassen und sich selbst eine Meinung bilden wollen.

2 Das globale Rohstoff-Kasino

2.1 Geld und Getreide – Eine lange Geschichte

Die Spekulation mit dem täglichen Brot ist fast so alt wie die geschriebenen Erinnerungen der Menschheit. Und genauso lang währt der Kampf dagegen. Denn seitdem es Staaten und Reiche gibt, versuchen Regenten und Regierungen dem Geschäft mit der Nahrung enge Grenzen zu ziehen.

Schon von den ersten ägyptischen Pharaonen im dritten Jahrtausend vor Christus ist überliefert, dass sie eine staatliche Getreideverwaltung unterhielten. Die biblische Geschichte vom findigen Joseph, der im Auftrag des Pharao Getreidespeicher anlegte und damit für Mangelzeiten vorsorgte, geht vermutlich auf diese Zeit zurück. Ob Joseph damit der »erste Spekulant« war, wie vielfach beschrieben, dazu sagt der Bibeltext nichts aus.[14] Aber sehr wahrscheinlich ist, dass Ägyptens frühe Herrscher ihre Getreidevorräte nutzten, um ihre Kassen zu füllen und ihre Macht zu sichern. Bis zur Herrschaft von Ptolemäus I. am Ende des vierten Jahrhunderts vor Christus entstand so ein vollständiges System zur staatlichen Kontrolle des Getreidemarktes. Von der Landzuteilung über die Getreidespeicher bis zum Handel war alles geregelt, einschließlich der Preise, die per Dekret vorgeschrieben waren.[15]

Auch die Regierung des antiken Athen, das in hohem Maße auf Getreideimporte aus Italien und den Regionen um das Schwarze Meer angewiesen war, steuerte den Getreidehandel mit harter Hand. Nur im Hafen von Piräus durften die Schiffsladungen gelöscht werden, und Lager wie Preise standen unter Aufsicht. Exporte waren ausdrücklich verboten. Wer dagegen verstieß, musste mit harten Strafen rechnen. Aus dem Jahr 386 vor Christus berichten zeitgenössische Chronisten über eine Gruppe von Getreidehändlern, denen wegen »Hortens und geheimer Absprachen« öffentlich der Prozess gemacht wurde. Ganz ähnlich sorgte auch die römische Republik schon bald nach ihrer Gründung für die Versorgung der Bevölkerung mit Getreide und Mehl und hielt über Jahrhunderte an diesem Regime fest. Ebenso hielten es auch die chinesischen Kaiser. Seit den Zeiten der Zhou-Dynastie im ersten Jahrtausend vor Christus praktizierten sie ein umfassendes System zur Beobachtung und Kontrolle der Getreidepreise.

Seit je ging derlei Kontrolle auch einher mit der moralischen Ächtung der Spekulation mit Nahrung. Schon das talmudische Recht der Juden verbot ausdrücklich »das Horten« von Getreide, Mehl und Früchten aller Art. Auch im islamischen Recht gilt die Spekulation seit je als Sünde und ist zumindest formal bis heute unzulässig. Thomas von Aquin, Autor der bedeutendsten philosophisch-ethischen Schriften des Christentums im Hochmittelalter, wandte sich gar gegen jeglichen Handel und verdammte das Kaufen von Waren auf dem Markt mit der Absicht, sie zu einem höheren Preis zu verkaufen. Das entsprach der feudalen Ordnung seiner Zeit, deren Regenten dem überregionalen Handel wenig Raum ließen.

Erst die Erfindung der Geldwirtschaft während der Renaissance brachte den Bruch mit den alten Regeln. Der internationale Handel blühte wieder auf, Kaufleute gründeten Börsen in den neuen Handelszentren in Italien und den Niederlanden, und mit ihnen wurde Spekulation aller Art Teil des wirtschaftlichen Alltags. So etwa in Antwerpen und Amsterdam, wo in den 30er Jahren des 16. Jahrhunderts Börsen für den Getreidehandel entstanden. Schon dort gab es tägliche Notierungen für Weizen und Roggen, und erstmals handelten die Börsenmitglieder dort auch auf Termin. Das heißt, Händler kauften und verkauften Schiffsladungen, die erst in der Zukunft anlanden sollten. Aber auch damals schon zogen die Profiteure dieser Geschäfte den Zorn ihrer Mitbürger auf sich, wenn die Preise stiegen. Deutsche und flämische Händler wurden in Amsterdam der »schweren Sünde« beschuldigt, weil sie forderten, was der Markt hergab, und die Behörden stellten den Handel erneut, wie schon ihre antiken Vorgänger, unter strikte Aufsicht.

All das änderte sich mit der industriellen Revolution im 19. Jahrhundert. Die Arbeitsteilung über die Landesgrenzen hinaus wurde zur wichtigen Triebkraft der wirtschaftlichen Entwicklung, und der daraus erwachsene internationale Handel ging einher mit dem ersten Siegeszug des Marktliberalismus. Staatliche Eingriffe in das Handelsgeschehen galten als hinderlich für die Prosperität. Darum waren es die Händler jener Tage, welche die Strukturen für den weltweiten Handel mit Nahrungsmitteln schufen, die in ihren Grundzügen bis heute erhalten geblieben sind. Private Unternehmen traten an die Stelle der staatlichen Monopole. Und aus kleinen familieneigenen Handelshäusern wie Bunge & Born (Argentinien, Niederlande), Dreyfuß (Frankreich, Deutschland) und Cargill (USA) erwuchsen jene Weltkonzerne, die noch heute den physischen Welthandel mit Getreide dominieren.

In die gleiche Zeit fiel auch die Gründung jener Institution, die seit Jahrzehnten und heute wieder im Zentrum der weltweiten Debatte über die Spekulation auf den Rohstoffmärkten und deren staatliche Regulierung steht: der Chicago Board of Trade (CBOT). Die Stadt am Südwestufer des Michigansees war Knotenpunkt der wichtigsten Eisenbahnlinien und Wasserwege von New York bis zum Golf von Mexiko und so der ideale Standort für den Handel mit Getreide und anderen Rohstoffen. Im Jahr 1848 gründeten 82 Getreidehändler darum dort ihre Börsengesellschaft, um einen zentralen Handelsplatz für ihre

Geschäfte zu schaffen. Auf Basis definierter Standards und einklagbarer Rechte für alle Beteiligten sollten die Preise öffentlich und nachvollziehbar ausgehandelt werden. In den Handelssälen von Chicago war es auch, wo die Händler elf Jahre später jene Handelsverträge etablierten, die bis heute in aller Welt den Standard für den Handel und die Spekulation mit Rohstoffen stellen: die »Futures«, also Verträge zum Kauf und Verkauf von Rohstoffen auf zukünftige Termine. Was ihre Vorgänger in der Renaissance nur ausprobiert hatten und bald wieder aufgeben mussten, machten die Pioniere des modernen Handels zu ihrem zentralen Instrument. Farmer, Verarbeiter und Händler kauften und verkauften Getreide im Voraus zu festgelegten Terminen und mit Hilfe standardisierter Kontrakte, deren Preis ihre Vertreter über die Börse aushandelten. Das Neue daran war, dass die Börse selbst der Vertragspartner für Käufer wie Verkäufer wurde und für die Erfüllung des Vertrages garantierte. Dafür mussten die Akteure ihrerseits Sicherheiten auf ein Börsenkonto einzahlen, im Branchenjargon »margins« genannt.

Der Käufer eines Future muss bei Vertragsabschluss auf einem Konto der Börse eine Sicherheitsleistung hinterlegen. Sie wird als **Margin** bezeichnet und beträgt in der Regel 8 bis 12 Prozent des nominalen Wertes der über den Future ge- oder verkauften Rohstoffmenge. Wenn der Future-Preis stark schwankt und die eingezahlte Sicherheit zur Deckung eines Wertverlustes nicht ausgleicht, fordert die Börse Nachzahlungen. Dieser Vorgang heißt »Margin Call«. Margins sind aber auch beim Handel mit anderen Derivaten und auch im Handel zwischen den Banken üblich.

Das hatte zunächst wenig mit Spekulation zu tun. Die Idee war vielmehr, die wilden Preisschwankungen auf dem Getreidemarkt zwischen dem Überfluss nach der Erntezeit im Herbst und dem Mangel im Frühjahr zu vermeiden. Das ging einher mit der Einrichtung von großen Lagerhäusern, deren Nutzung direkt mit den Futures verbunden war: Wer einen solchen Vertrag erwarb, bekam im Falle eines Kaufes das Recht, die entsprechende Menge an Weizen, Mais oder Hafer zum vereinbarten Termin und vereinbarten Preis aus diesen Lagerhäusern zu beziehen. Wer dagegen verkaufte, musste bis zum selben Zeitpunkt die vereinbarte Menge dort anliefern oder aus den Beständen kaufen. Daran hat sich im Grundsatz bis heute nichts geändert. Wo immer Futures auf Rohstoffe gehandelt werden, können diese im Prinzip auch mit der Lieferung der physischen Ware erfüllt werden.

Die Konstruktion diente – und tut dies im Prinzip noch immer – den Interessen beider Seiten. Die Farmer und ihre Handelsgenossenschaften wussten schon vor der Aussaat, welche Menge an Getreide sie zu welchem Preis würden verkaufen können, und konnten ihre Anbauplanung darauf einstellen. Ebenso konnten die Abnehmer der Ware, zum Beispiel Mühlen und Brotfabrikanten, aufgrund sicherer Mengen und Preise ihre Produktion planen und kalkulieren. Binnen weniger Jahre fand das Modell darum auch Nachahmer in aller Welt. Von Bombay über Frankfurt bis Rosario in Argentinien etablierten sich Warenterminbörsen rund um den Globus.

Doch so einleuchtend und praktisch das Konzept ist, so anfällig war es auch von Anfang an für Manipulation und spekulative Übertreibungen.[16] Wer über genügend Kapital verfügte, konnte sich über Terminverträge das Recht auf so große Teile der Ernten sichern, dass er selbst die Verkaufspreise bestimmen und Monopolrenditen einstreichen konnte. Zudem etablierte sich alsbald auch der Handel mit den Futures. Akteure, die mit Produktion und Verarbeitung gar nichts zu tun hatten, wetteten nur auf Preisbewegungen und nutzten die Future-Käufe, um einen künstlichen Mangel zu erzeugen und damit die Preise hochzutreiben.

So funktioniert der Future-Handel

im März
Verkäufer
z.B. Agrarhändler

im März
Käufer
z.B. Brotfabrikant

FUTURE

*Angebot
für August:*
500 t Weizen
à 200 Euro

10 Verkaufs-
kontrakte

10 Kauf-
kontrakte

*Nachfrage
für August:*
500 t Weizen
à 200 Euro

short
position

long
position

Börse

August

SZENARIO 1

SZENARIO 2

 Weizenpreis
fällt
von 200 €
auf 150 €

Weizenpreis
steigt
von 200 €
auf 250 €

 Erlös nur
75 000 €

Erlös nun
125 000 €

bei Verkauf des Weizens auf
dem physischen Markt, z. B. Mühlenbetriebe

Börse neutralisiert Verluste bzw.
Gewinne durch *GLATTSTELLUNG*

 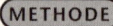 **METHODE**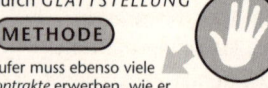

Verkäufer muss ebenso viele
KAUFkontrakte erwerben, wie er
VERKAUFSkontrakte besitzt

höherer Marktwert
der *VERKAUFSposition*
ergibt bei Glattstellung
25 000 Euro GEWINN

niedrigerer Marktwert
der *VERKAUFSposition*
ergibt bei Glattstellung
25 000 Euro VERLUST

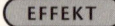 **EFFEKT**

EFFEKT

Der Börsengewinn gleicht
den Verkaufsverlust aus

Erlös wie geplant:
100 000 Euro

Der Börsenverlust neutra-
lisiert den Verkaufsgewinn

Futures auf Rohstoffe sind standardisierte Warentermingeschäfte, mit denen Käufer und Verkäufer anonym über eine Börse die Lieferung einer fixierten Menge an Rohstoffen zu einem bestimmten in der Zukunft liegenden Termin und zu einem festen Preis vereinbaren. In der Regel legen derartige Verträge auch fest, an welchen Lagerhäusern die Lieferung entgegengenommen und abgeholt werden kann. Doch nur in Ausnahmefällen werden Futures tatsächlich mit einer physischen Lieferung erfüllt. Stattdessen werden sie zumeist finanziell abgewickelt. Käufer und Verkäufer schließen das Geschäft nicht direkt miteinander ab, sondern jeweils mit der Börse, die als zentraler Vertragspartner fungiert.

So gibt es neben dem Handel mit dem physischen Rohstoff auch den rein finanziellen Handel, und beide können unabhängig voneinander getätigt werden.

Beispiel:
Ein Agrarhändler weiß im März, dass er im August 500 Tonnen Brotweizen verkaufen muss, um in seinem Getreidesilo Platz für die neue Ernte zu schaffen. Ein Blick auf die Notierungen der europäischen Getreidebörse Matif zeigt ihm, dass dort für Weizen zum Liefertermin August 200 € pro Tonne geboten werden. Um sich den Preis vorab zu sichern, setzt er über seinen Computer-Terminal, der ihn mit der Matif in Paris verbindet, ein Angebot ab für die Übernahme von 10 Standard-Verkaufskontrakten für den Liefermonat August über je 50 Tonnen Mahlweizen (*milling wheat*) zu ebendiesem Preis von 200 € –, pro Tonne. Das entspricht den Erwartungen eines Käufers, zum Beispiel eines Brotfabrikanten, der für einen entsprechenden Kaufkontrakt bietet. So treffen sich die beiden Gebote elektronisch, und über den Börsenrechner werden beide Verträge automatisch gültig. Die so gezeichneten Kontrakte haben nun einen Nominalwert von 10 (Kontrakten) x

50 (Tonnen) x 200 €, also 100 000 €. Der Agrarhändler geht damit eine sogenannte Short-Position ein. Der Käufer auf der anderen Seite hält dafür eine Long-Position.

> Die Positionen eines Händlers im Wertpapiermarkt werden als »**long**« oder »**short**« bezeichnet. Wer »long« geht, der kauft und hält das Papier, setzt also auf steigende Preise. Wer »short« geht, tritt als Verkäufer auf und gewinnt, wenn die Preise sinken, weil er das Wertpapier zu einem späteren Zeitpunkt für einen geringeren Preis erneut kaufen kann. Bei Futures gehen jene, die steigende Preise erwarten und darum auf der Kaufseite auftreten »long«. Händler, die heute zum Festpreis in der Zukunft verkaufen und darum bei später sinkenden Preisen gewinnen würden, gehen »short«.

Szenario 1:
Der Preis für Weizen fällt im August auf 150 € pro Tonne. Der Agrarhändler erlöst somit für den Verkauf seiner 500 Tonnen Weizen an einen Käufer auf dem physischen Markt, zum Beispiel einen Mühlenbetrieb, nur 75 000 €, obwohl er 100 000 € erzielen wollte. Das über die Börse abgeschlossene Warentermingeschäft schützt ihn jedoch vor einem Verlust. Denn damit hatte er ursprünglich das Recht erworben, für 200 € pro Tonne zu verkaufen. Der Agrarhändler könnte somit theoretisch auf dem physischen Markt den Weizen für 150 € pro Tonne kaufen und sofort für 200 € an eines der Lagerhäuser der Börse wieder verkaufen – und damit seinen Verlust aus dem physischen Verkaufsgeschäft ausgleichen. Weil das in der Praxis zu aufwendig ist, wird dieses Geschäft an der Börse ausschließlich finanziell abgewickelt. Das funktioniert so: Vor dem Ablauf ihrer Kauf- oder Verkaufsverträge sind deren Inhaber verpflichtet, diese Verträge »glattzustellen«. Für unser Beispiel heißt das, der Agrarhändler muss ebenso viele Kaufverträge für 500 Tonnen Brotweizen an der Börse kaufen, wie er ursprünglich Verkaufsverträge erworben hatte.

So heben sich seine Long- und Short-Positionen gegen-
seitig auf, und die Verträge werden damit neutralisiert. Da
er die Kaufverträge wegen des gesunkenen Weizenpreises
aber mittlerweile für 7500 € erstehen kann, ergibt sich bei
der Fälligkeit seiner Verkaufs- und Kaufverträge eine Differenz zwischen seinen teuren Verkaufskontrakten (short)
und den billigeren Kaufkontrakten (long) von 2500 € pro
Kontrakt. Darum macht er einen Börsengewinn von
25 000 € auf seine zehn Kontrakte und kann damit seinen
Verlust aus dem physischen Geschäft ausgleichen. Diese
Summe wird ihm auf seinem Börsenkonto gutgeschrieben.
Unterm Strich erlöst er also genau die Summe, die er sich
über den Kauf der Futures schon im März gesichert hat.
Der Handel mit Futures an der Börse erfüllt also für den
Agrarhändler die Funktion einer Art »Preis-Versicherung«.
Für diese Versicherungsdienstleistung erhebt die Börse Ge-
bühren von rund einem Euro pro Future.

Szenario 2:
Der Preis für Weizen steigt im August auf 250 € pro Tonne.
Dadurch kann der Händler seinen Weizen für 125 000 €
verkaufen und er macht ein Plus von 25 000 € gegenüber
seiner Ausgangsposition. Er muss nun seine an der Börse
erworbenen Verkaufsverträge glattstellen, indem er 10
Kauf-Kontrakte zum Preis von 250 € pro Tonne erwirbt,
also für nominal 12 500 € pro Kontrakt bzw. insgesamt
125 000 €. Die Differenz zwischen dem Wert seiner ursprünglichen Verkaufsverträge in Höhe von 100 000 € und
dem Wert der zur Glattstellung erworbenen Kaufverträge
beträgt 25 000 €. Damit macht er einen börslichen Verlust
von 25 000 €. Unterm Strich erlöst er bei seinem Handels-
geschäft auch in diesem Fall genau die Summe, die er sich
über die Future-Verträge im März gesichert hatte.

Den gleichen Mechanismus nutzen auch die Abnehmer der Rohstoffe, im Fall von Weizen also Brotfabriken und andere Lebensmittelhersteller. Sie erwerben in der Regel Kaufkontrakte und sichern sich auf diesem Weg vorab einen Preis für ihren Rohstoffbedarf. Im beschriebenen Szenario 2 ist der Börsenverlust des verkaufenden Agrarhändlers der Gewinn des Inhabers der entsprechenden Kaufverträge. In der Praxis werden die Transaktionen über automatisierte Computerprogramme abgewickelt. Dafür müssen Käufer und Verkäufer bei der Börse registriert sein und dort ein Konto führen. Für die meisten Marktteilnehmer übernimmt diese Dienstleitung eine Bank. Auf dem Bildschirm ihres mit dem Börsenrechner verbundenen Computers erscheint eine Schablone, auf der sie eintragen können, zu welchem Preis sie welche Anzahl an Verträgen – long oder short – kaufen wollen. Findet sich ein anderer Händler, der zum geforderten Preis die Gegenseite übernehmen will, wird der Vertrag automatisch abgeschlossen. Für das Funktionieren dieser Absicherungsgeschäfte ist es wichtig, dass sich für Verkäufe / Käufe in der Zukunft jeweils auch genügend Käufer / Verkäufer finden. Deshalb ist auch eine gewisse Zahl an Spekulanten notwendig für das Funktionieren von Terminbörsen. Sie tragen zur Preisabsicherung der Anbieter / Käufer bei.

Bereits 1882 setzte der US-Senat darum erstmals eine Untersuchungskommission ein, die wegen zahlreicher »corners and squeezes«, also spekulativer Hortung und künstlich erzeugtem Mangel mittels CBOT-Kontrakten ermittelte. Spektakulär war der Fall des Weizenspekulanten Joseph Leiter, der im Winter 1892 im großen Stil Weizenlieferungen auf Monate im Voraus kaufte und den Marktpreis so um 50 Prozent in die Höhe trieb. Erst als einer seiner Gegenspieler mit eigens eingesetzten Spezialbooten eine Fahrrinne in den zugefrorenen Michigansee brechen ließ und damit Lieferungen aus den nördlichen Regionen ermöglichte, brach der Preis wieder ein, und Leiter musste Konkurs anmelden.

So funktionieren die Warentermin-(Future)-Börsen

An den Future-Börsen wird mit standardisierten Warenterminverträgen gehandelt, die jeweils auf eine fixierte Rohstoffmenge zu einem bestimmten Termin laufen.[17] Gut 95 Prozent des Handels läuft heutzutage über Computernetze und nur noch ein kleiner Teil über Makler auf dem Parkett im Börsensaal. Das ermöglicht Händlern aus aller Welt die Beteiligung, wenn sie bei der jeweiligen Börse registriert sind und dort ein Konto eingerichtet haben. Händler können Futures jeweils als Käufer oder als Verkäufer zeichnen. Kaufpositionen werden als »long« bezeichnet, Verkaufspositionen als »short«. Die jeweiligen Kontrakte gelten immer erst dann, wenn es für einen Käufer auch einen Verkäufer gibt und umgekehrt. Im Warenterminhandel gibt es daher stets genauso viele Long- wie Short-Positionen. Die Summe aller jeweils gezeichneten Verträge firmiert in der Börsenstatistik als »Open Interest«. Die Kontrakte müssen spätestens in dem Monat ihrer Fälligkeit kurz vor dem Auslaufen des Future abgewickelt, d.h. glattgestellt werden. Dies geschieht über die Neutralisierung bestehender Kauf- und Verkaufsverträge (siehe Kasten »So funktioniert der Future-Handel«).
Dabei stellt die Börse die zentrale Gegenpartei für alle abgeschlossenen Verträge. Das heißt, wer einen Future kauft und dann bei der Glattstellung einen Gewinn erzielt, ist nicht auf einen dritten angewiesen, um seinen Gewinn einzulösen, sondern diesen zahlt die Börse direkt aus. Gleichzeitig kassiert die Börse die fälligen Beträge bei den Händlern, deren Future-Kontrakte demgegenüber an Wert

verloren haben. Unterm Strich sind die Gewinne und Verluste der Teilnehmer daher immer ein Nullsummenspiel. Um sich gegen den möglichen Zahlungsausfall eines Händlers abzusichern, fordert die Börse für jeden Kontrakt die Einzahlung einer Sicherheitsleistung, den sogenannten Margin. Dessen Höhe richtet sich nach den möglichen Preisschwankungen und liegt in der Regel zwischen 8 und 10 Prozent vom Gesamtwert eines Kontraktes. Bewegen sich die Preise über dieses Maß hinaus, fordert die Börse in der Regel sofort die Einzahlung zusätzlicher Margin-Beträge.

Gehandelt werden jeweils Kontrakte auf künftige Termine, die bis zu zwei Jahren in der Zukunft liegen. So bietet zum Beispiel die Terminbörse in Chicago fünf Weizen-Futures pro Jahr jeweils zum März, Mai, Juli, September und Dezember an. Aus der Reihe der Preise für die aufeinanderfolgenden Fälligkeiten ergibt sich die sogenannte Terminkurve. Sie bildet die Erwartungen der Handelsteilnehmer über die künftige Preisentwicklung ab.

Liegt der Preis für eine nahe liegende Fälligkeit unter dem der länger laufenden Futures, nennen Börsianer diese Situation »Contango«. Der gegenteilige Fall, die »Backwardation«, bezeichnet eine Situation, bei der zeitlich weiter entfernt liegende Futures einen niedrigeren Preis haben als der nächstfällige Kontrakt. Weil die Finanzindustrie wegen des hohen Zulaufs der Anleger auf ihre Rohstoff-Fonds häufig über lange Perioden wachsende Käufe auf den Terminmärkten tätigt, haben in den vergangenen zehn Jahren die »Contango«-Lagen an den Terminbörsen ständig zugenommen.

Dabei ist die Zahl der gehandelten Verträge völlig unabhängig von den möglichen Mengen der tatsächlich vorhandenen physischen Ware und überschreitet diese um ein Vielfaches. So betrug zum Beispiel das Volumen der gezeichneten Futures (»open interest«) auf Weizen der Sorte

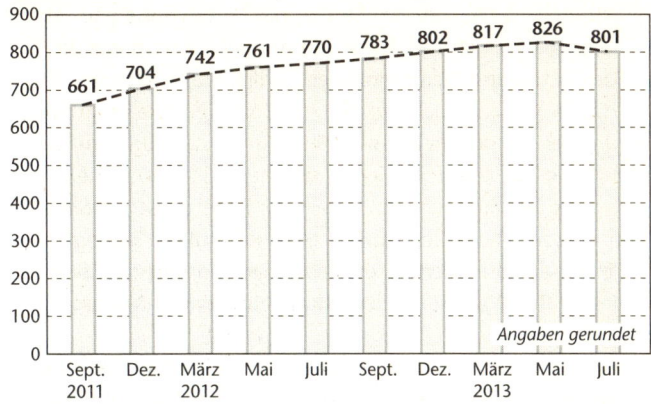

Abb. 2: Terminkurve Weizen. Chicago Board of Trade (CBOT),
8. August 2011. US-Cent pro Bushel (46 Bushel = 1 Tonne).
Quelle: CME Group.

»Soft Red Winter«, dem im Beispiel gezeigten Standardkontrakt für Weizen an der Börse in Chicago, im März 2011 rund 76 Millionen Tonnen. Die Jahresernte für diese Weizensorte liegt jedoch nur bei rund neun Millionen Tonnen. Gleichzeitig ist der Handel mit diesen Futures so intensiv, dass an vielen Börsentagen mehr als eine gesamte Jahresernte ge- und verkauft wird.

Die wichtigsten der weltweit wichtigsten Warenterminbörsen sind die der CME-Group (hervorgegangen 2007 aus der Fusion des Chicago Board of Trade, CBOT, der Chicago Mercantile Exchange und der New York Mercantile Exchange), die Intercontinental Exchange mit Börsenplätzen in New York, Toronto und London sowie der NYSE-Euronext-Konzern, zu dem neben den Aktienbörsen in New York, Paris, Brüssel und Amsterdam auch die für Europa führende Getreidebörse Matif in Paris gehört. Im Handel mit Rohstoff-Futures hat jede dieser Börsen verschiedene Schwerpunkte. Die CME ist führend für Getreide und Soja.

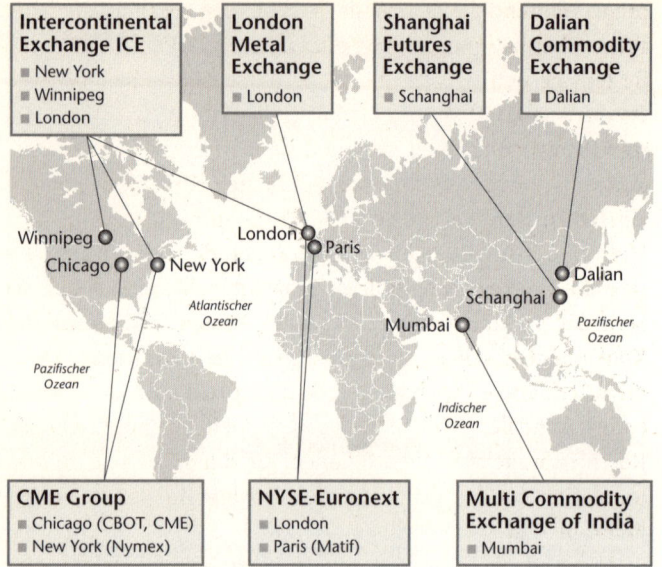

Abb. 3: Die führenden Warenterminbörsen

Die ICE ist die wichtigste Börse für Öl-Futures und »Soft Commodities« wie Kakao, Kaffee und Baumwolle. Die bisher noch unabhängige London Metal Exchange ist dagegen der weltweit führende Platz für den Handel mit Futures auf Nichteisenmetalle.

Ähnliche Operationen erschütterten auch in der Zeit zwischen den Weltkriegen immer wieder die Agrarbörsen in aller Welt. Mal waren es Baumwollspekulanten in Indien, mal Weizenhändler in Europa, und immer wieder war Chicago der Schauplatz spektakulärer Marktmanipulationen. Schon damals führte dies zu hitzigen politischen Debatten, die dem gleichen Muster folgten, das auch heute wieder die Auseinandersetzung prägt. Während die Kritiker die Spekulanten beschuldigten, die Preise übermäßig nach oben oder unten zu treiben, argumentierten die Befürworter, die Agrar-Börse nutze allen, weil sie Produzenten und Verarbeitern über die Futures, die Warenterminverträge, Sicherheit gebe und sie gerade vor Preisschwankungen schütze. Ablesbar war das heftige Hin und Her nicht zuletzt an den Erklärungen des Krisenpräsidenten Herbert Hoover, der von 1929 bis 1933 zu Zeiten der Großen Depression die US-Regierung führte. Zunächst stellte er sich auf die Seite der Spekulanten, weil diese »die Kosten für Farmer und Konsumenten senken, indem sie das [Preis]Risiko übernehmen«, erklärte er. Später, unter dem Eindruck erneuter Spekulationsskandale, zürnte er, es gebe »keinen eklatanteren Beleg [für Missbrauch] als die Millionen, die durch die schiere Manipulation der Maschinerie erzielt werden, die der [Chicago] Board of Trade bereitstellt«.

Aber erst die Regierung von Hoovers Nachfolger Franklin Roosevelt schuf 1936 mit den Finanzmarktreformen im Gefolge der Großen Depression eine effektive Aufsicht für die Rohstoffbörsen. Diese setzte erstmals Grenzen für die Höchstzahl von Future-Verträgen durch, die einzelne Handelsfirmen halten dürften. Demnach war es allen Unternehmen oder Händlern, die nicht selbst auch im physischen Getreidehandel tätig waren, verboten, mehr als 500 Standardkontrakte pro Getreideart zu erwerben. Das entsprach einer Menge von zwei Millionen »bushel« (Scheffel) Getreide oder knapp 55 000 Tonnen Weizen oder 51 000 Tonnen Mais. Diese »Positionslimits« erwiesen sich von da an über sechzig Jahre lang als höchst wirksames Instrument, um die Getreidespekulation in Grenzen zu halten.[18]

2.2 Die Finanzrevolution

Dass Kapitalanleger heute dennoch im großen Stil auf die Preisentwicklung auf den Märkten für Getreide und andere Rohstoffe spekulieren können, begann mit einer Entwicklung, die zunächst gar nichts mit dem Rohstoffhandel zu tun hatte. 1973 brach das einst von den Siegermächten des Zweiten Weltkriegs im amerikanischen Kurort Bretton Woods ausgehandelte System zur engen Regulierung der Finanzmärkte zusammen. Bis dahin hatten die westlichen Industrieländer knapp drei Jahrzehnte lang ihre Währungen über feste Wechselkurse aneinandergekoppelt. Gleichzeitig unterlagen internationale Kapitaltransfers strikten nationalen Kontrollen, so dass niemand gegen das Festkursregime spekulieren konnte. Das System basierte jedoch darauf, dass die US-Regierung den Wert des US-Dollar als Leitwährung stabil hielt und mit Goldreserven als Pfand unterlegte. Unter dem Druck, die Kosten des Vietnamkrieges zu finanzieren, inflationierte die Regierung des damaligen US-Präsidenten Richard Nixon jedoch den Dollar und kündigte die Goldbindung auf. In der Folge mussten alle Mitgliedstaaten die Wechselkurs- und Kapitalkontrollen aufgeben und machten so den Weg frei für eine regelrechte Revolution des Finanzgewerbes.

Nicht länger eingesperrt in den nationalen Grenzen, bauten Banken und Fonds aller Art erneut ein weltumspannendes Finanzsystem auf, in dem die Kurse ständig schwankten. So geriet der Welthandel zusehends in Abhängigkeit von den Finanzmärkten. Zur Absicherung gegen die Zins- und Kursänderungen entwickelten die Banken gemeinsam mit den Börsen eigens neue, dieses Mal rein finanzbezogene Future-Kontrakte, mit denen Produzenten und Handelsunternehmen sich Wechselkurse oder Zinsraten auf feste Termine in der Zukunft sichern konnten. Die Gebühren oder Prämien, die dafür anfielen, wurden zu einer der wichtigsten Einnahmequellen für das Finanzgewerbe. Rund um die Welt von Chicago und New York über London und Frankfurt bis Tokio etablierten sich Börsen für diese als »Derivate« bezeichneten Verträge, deren Wert von den zugrundeliegenden Kursen für Währungen oder Anleihezinsen »derived«, also abgeleitet war.

> **Derivate** sind Finanzinstrumente, deren Wert aus einem zugrundeliegenden anderen Handelsgut, Wertpapier oder sonstigen zukünftigen Marktwerten abgeleitet (engl.: derived) wird. Die meistgehandelten Derivate beziehen sich auf die Entwicklung von Wechselkursen und Zinsen. Sie wurden erfunden, um Unternehmen und Händlern die Möglichkeit zu geben, sich gegen Kursschwankungen abzusichern. Sie eignen sich aber auch zur Spekulation, weil sie mit wenig Geldeinsatz hohe Gewinne (und Verluste) ermöglichen.

Der Aufbau dieser Märkte ging einher mit der elektronischen Vernetzung der Börsen und Handelsteilnehmer über alle Grenzen hinweg. Bis Mitte der 90er Jahre, schon lange vor der Entwicklung des Internet, entstand auf diesem Weg ein globaler Cyberspace, der die Staaten und ihre Volkswirtschaften zusehends in den Bann der Finanzwelt zog. Eine stetig anwachsende Menge liquiden, also frei verfügbaren Kapitals, gespeist aus Pensionsfonds, Versicherungen, Stiftungsgeldern und Ersparnissen in verschiedenster Form werden seitdem ständig zwischen Finanzplätzen, Börsen, Aktien, Anleihen und Währungen hin- und hergeschoben. Die Finanzwelt verwandelte sich so in eine globale Arena für das Spiel mit der Gier und der Angst. Seitdem folgt die Bewertung von Wertpapieren und ganzen Volkswirtschaften immer häufiger mehr den Gesetzen der Massenpsychologie als rationalem wirtschaftlichem Kalkül.[19] Von der Schuldenkrise in Lateinamerika zu Beginn der 80er Jahre bis zur Krise der asiatischen Schwellenländer und Russlands Ende der 90er, vom Platzen der Internet-Blase an den Börsen nach der Jahrhundertwende bis hin zur globalen Finanzkrise 2007 sind es seitdem vor allem die Akteure an den Finanzmärkten, die maßgeblich das weltwirtschaftliche Geschehen prägen.

All das hatte für den Handel mit Getreide und anderen Rohstoffen zunächst scheinbar keine Bedeutung. Noch bis Ende der 90er Jahre folgten die Preise in dieser Nische des Finanzmarktes vorwiegend den Wetternachrichten und dem Umfang der zu erwartenden Ernten oder der Nachfrage nach Öl im Zuge der allgemeinen Konjunkturlage, berichtet die frühere Börsenhändlerin Ann Berg, die bis 1997 auch Mitglied des Vorstands der Chicagoer Future-Börse CBOT war. »Die Spekulanten waren nur Mitspieler auf den Rohstoffmärkten«,[20] erinnert sie sich, und sie waren bei den kommerziellen Käufern und Verkäufern am Getreidemarkt sogar willkommen. Denn sie sorgten dafür, dass der Markt für die Futures »liquide« war, das heißt, es gab stets Käufer oder Verkäufer für alle Kontrakte, auch solche, die auf ein Jahr und mehr im Voraus datiert waren. Dabei lag aber der Anteil aller Kontrakte, die zu rein spekulativen Zwecken gehandelt wurden, selten höher als 20 Prozent.[21] (siehe Kap. 3.1, Seite 73). Das Auf und Ab der Preise folgte den Nachrichten über Angebot und Nachfrage, den »Fundamentaldaten«, wie es im Finanzjargon heißt.

Aber mit Beginn des neuen Jahrtausends änderte sich das radikal. Die Finanzwelt hatte in den Jahren zuvor einen weltweiten Börsenboom orchestriert, der die Aktienkurse in nie gekannte Höhen getrieben hatte. Dahinter stand die tausendfach publizierte Annahme, dass die Entwicklung des Internet Produktivität und Gewinne auf Jahre hinaus stark anheizen werde, insbesondere bei jenen Unternehmen, die in den Aufbau und die vielen neuen Anwendungen des Netzbetriebs investierten. Als die Gewinne dann jedoch fielen oder ganz ausblieben, kippte die Stimmung, und die Kurse brachen auf breiter Front ein. Der S&P-Aktienindex, in dem Amerikas 500 größte Aktiengesellschaften notiert sind, verlor bis 2002 rund ein Viertel des ursprünglichen Wertes. Viele Investoren, darunter vor allem Pensionsfonds und reiche Stiftungen, machten enorme Verluste. Aktien erschienen plötzlich als Kapitalanlage weit weniger attraktiv, und die Anleger suchten nach Alternativen.

2.3 Die Geburt der Rohstoff-Indexfonds

In dieser Lage begann die Finanzindustrie ein neues Angebot zu vermarkten: die Anlage in Rohstoffen. Das Instrument dafür hatte die Investmentbank Goldman Sachs schon 1991 entwickelt, den Goldman-Sachs-Commodity-Index, kurz GSCI.[22] Mit diesem Index spiegelten die Investmentplaner die Entwicklung der Future-Preise von 25 verschiedenen Rohstoffen von Aluminium bis Zucker, wenn auch nur solchen, für die es auch einen liquiden Future-Handel an der Börse gab. Der Index wird berechnet auf Basis der jeweils jüngsten Preise für die nächstfälligen Future-Verträge auf die erfassten Rohstoffe. Die Goldman-Banker boten Anlegern nun an, ihr Kapital in Verwaltung zu nehmen und in deren Auftrag Futures für die jeweiligen Rohstoffe entsprechend der Gewichtung im Index zu kaufen. Darüber sollten sie an den Gewinnen oder Verlusten auf den Future-Märkten teilhaben, ohne selbst jemals damit handeln zu müssen. Stiegen die Future-Verträge im Wert, sollte auch der Wert der Kapitalanlage entsprechend zulegen und umgekehrt. Dabei machen die Anlagen in Rohöl- und andere Energie-Futures rund zwei Drittel aus, Agrarrohstoffe aller Art haben einen Anteil von rund 17 Prozent am GSCI, und der Rest fließt in den Kauf von Futures für Edel- und Industriemetalle.

> **Indizes** messen die Wertentwicklung einer Gruppe von Wert-
> papieren, die jeweils in einem Korb zusammengefasst werden, in
> dem jedes einzelne ein bestimmtes Gewicht bekommt. Der Deut-
> sche Aktienindex (Dax) zum Beispiel spiegelt die Entwicklung der
> Preise für Aktien der 30 größten deutschen Aktiengesellschaften.
> Jeder Index bezieht sich auf ein Basisjahr, in dem der Wert des
> Index 100 beträgt. Wenn der Index zum Beispiel zwei Jahre später
> auf 105 steigt, heißt das aber nicht, dass alle Aktien gleichzeitig
> um fünf Prozent an Wert gewonnen haben, sondern nur, dass
> dies im Durchschnitt und noch einmal verrechnet mit der unter-
> schiedlichen Gewichtung der einzelnen Werte im Index gesche-
> hen ist.

Solche Anlagen in einen Rohstoffindex waren in den ersten
zehn Jahren nach ihrer Erfindung zunächst nur ein Nischen-
produkt für einzelne Großinvestoren. Aber mit dem Platzen
der Internet-Blase schienen diese Investments mit einem
Mal attraktiv. Dazu trug maßgeblich eine 2004 veröffentlichte
Studie der beiden Finanzwissenschaftler Gary Gorton und
Gert Rouwenhorst von der Yale-Universität bei. Im Auftrag
des Finanzkonzerns AIG (der später mit 180 Milliarden Steuer-
dollar vor dem Konkurs gerettet werden musste) stellten
die Professoren unter dem Titel »Fakten und Phantasien über
Rohstoff-Futures« Daten zusammen, die belegen sollten, dass
die Anlage in Rohstoffterminverträge über lange Zeit gemessen genauso hohe Erträge bringen sollten wie solche in Aktien
oder Anleihen. Gleichzeitig schienen ihre Datenreihen zu belegen, dass die Rohstofferträge unabhängig von der Aktienent-
wicklung waren, und teils sogar negativ »korreliert« verliefen,
sprich, die Rohstoffpreise stiegen, wenn Aktien fielen und umgekehrt.[23]

Die Studie enthielt keinerlei Angaben über die wirklichen
Kosten solcher Investitionen. Dass die tatsächlichen Erträge
weit geringer ausfallen, weil die Future-Verträge stets nur eine
begrenzte Laufzeit haben und darum regelmäßig mit oft erheb-

lichen Abschlägen für die Anleger verkauft und die Erlöse in neue Futures für spätere Zeitpunkte investiert werden müssen, dazu verloren die Auftragsforscher kein Wort. Doch das Versprechen, auf diesem Weg Vorsorge gegen Krisen und Inflation betreiben zu können, lockte viele Anleger. Darum warb die Finanzindustrie weltweit mit der Studie für ihre Rohstoff-Index-Investments und erzielte damit einen durchschlagenden Erfolg. Hether Shemilt zum Beispiel, führende Managerin bei Goldman Sachs, pries die Rohstoffanlage unter Verweis auf die Yale-Studie als »portfolio enhancer«, also Kapitalanlagen-Verstärker.[24] Neben Goldman Sachs und AIG legten binnen kürzester Zeit zahlreiche weitere Großbanken wie Barclays, Morgan Stanley, UBS und die Deutsche Bank entsprechende Indizes und die einem dieser Rohstoffkörbe zugeordneten Fonds auf, die sich voneinander in der Gewichtung der verschiedenen Rohstoffe unterscheiden. Der zweitwichtigste wurde der Dow-Jones UBS-Index, indem Agrarrohstoffe anders als beim GSCI fast ein Drittel des gesamten Korbes ausmachen.[25]

Binnen weniger Jahre erfuhren die Rohstoffmärkte so eine radikale Transformation. Erstmals in ihrer 150-jährigen Geschichte waren Rohstoff-Futures fortan nicht mehr bloß ein Instrument zur Preisfindung und Absicherung. Von nun an verkaufte die Finanzwirtschaft den Einstieg in diese Warenterminkontrakte als neue »asset class«, also eine ganz neue Klasse von Kapitalanlagen, die jeder Vermögensverwalter seinem Portfolio zur Absicherung gegen Krisen auf den anderen Märkten beimischen sollte.

> Als »**asset class**«, Anlageklasse, bezeichnen Wertpapierhändler die verschiedenen Kategorien von möglichen Vermögensanlagen. Aktien, Anleihen, Pfandbriefe und eben auch Rohstoffderivate zählen jeweils als eigene »asset class«.

Im großen Stil floss auf diesem Weg anlagesuchendes Kapital auf die vergleichsweise kleinen Warenterminmärkte, die für diesen Zweck eigentlich nie gedacht waren. Denn die Rohstoffanlagen dienen – anders als Aktien oder Anleihen – nicht dem Zweck, den Aufbau von Produktionsanlagen, neuen Unternehmen oder staatliche Infrastruktur zu finanzieren und auf diesem Weg Erträge zu erwirtschaften. Vielmehr schließen die Rohstoffanleger lediglich Wetten auf die Preisentwicklung der zugrundeliegenden Rohstoffe ab. Doch den volkswirtschaftlichen Sinn dieser Kapitalumleitung mussten die Investmentbanker gar nicht erklären, die vermeintlichen Gewinnaussichten genügten.

So funktionieren Investments in Rohstoffindizes

Rohstoffindexfonds werden vorwiegend von großen Investmentbanken vermarktet und betrieben. Die Anleger solcher Fonds können damit von steigenden Preisen auf den Rohstoffmärkten profitieren oder bei fallenden Preisen verlieren. Dabei nimmt die Bank das Geld in Verwaltung und investiert es am Future-Markt im gleichen Umfang. Die Gewinne (oder Verluste) aus diesen Future-Käufen bestimmen dann den Wert der Fondsanteile.[26]
Grundlage für deren Bewertung ist ein Korb von Rohstoffen, dessen Wert mit einem sogenannten Index dargestellt wird. Darin werden je nach Anbieter bis zu 25 verschiedene Rohstoffe zusammengefasst, die jeweils spezifisch gewichtet sind. Der am häufigsten genutzte Index ist der S&P Goldman Sachs Commodity Index (S&P-GSCI). Darin haben die Agrarrohstoffe Mais, Weizen, Soja, Baumwolle, Kaffee und Kakao einen Anteil von zusammen 17,3 Prozent, Energierohstoffe sind dagegen mit 66 Prozent beteiligt. Ein weiterer viel genutzter Index ist der Dow Jones-

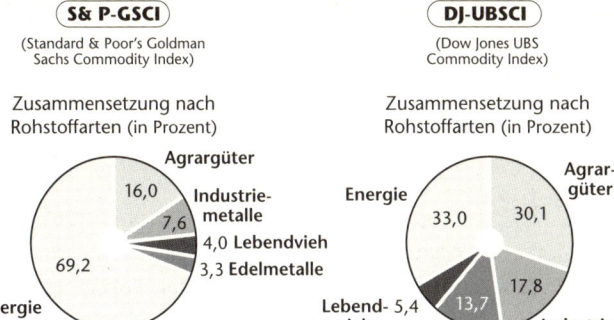

S& P-GSCI
(Standard & Poor's Goldman Sachs Commodity Index)

Zusammensetzung nach Rohstoffarten (in Prozent)

DJ-UBSCI
(Dow Jones UBS Commodity Index)

Zusammensetzung nach Rohstoffarten (in Prozent)

ENTHALTENE ROHSTOFFE

Energie		
	WTI-Erdöl	33,0
	Brent-Erdöl	16,4
	Gasöl	6,8
	Heizöl	5,0
	Bleifreies Benzin	5,0
	Erdgas	3,0
Agrargüter	Mais	4,7
	Chicago-Weizen	3,2
	Sojabohnen	2,4
	Zucker	1,8
	Baumwolle	1,8
	Kaffee	1,0
	Kansas-Weizen	0,8
	Kakao	0,3
Industriemetalle	Kupfer	3,4
	Aluminium	2,5
	Nickel	0,7
	Zink	0,5
	Blei	0,4
Lebendvieh	Lebendrind	2,2
	Mageres Schwein	1,4
	Mastrind	0,4
Edelmetalle	Gold	2,7
	Silber	0,6

ENTHALTENE ROHSTOFFE

Energie		
	Erdöl	14,7
	Erdgas	11,2
	Heizöl	3,6
	Bleifreies Benzin	3,5
Agrargüter	Sojabohnen	7,9
	Mais	7,0
	Weizen	4,6
	Zucker	3,3
	Sojaöl	2,9
	Kaffee	2,4
	Baumwolle	2,0
Industriemetalle	Kupfer	7,5
	Aluminium	5,2
	Zink	2,9
	Nickel	2,3
Edelmetalle	Gold	10,5
	Silber	3,3
Lebendvieh	Lebendrind	3,4
	Mageres Schwein	2,0

Abb. 4: Zusammensetzung vom ASCI- und UBSCI-Index.
Quellen: Factsheets S & P-GSCIC Mai 2011, DJ-UBS Commodity Index Handbook (April 2011).

UBS Commodity Index (DJ-UBSCI), in dem Agrar- und Energierohstoffe mit jeweils rund 30 Prozent gewichtet sind. Der jeweilige Index-Wert bemisst sich am aktuellen Preis der nächstfälligen Futures für die einzelnen Rohstoffe. Darum enthalten die Indizes auch nur solche Güter, für die es gut funktionierende, »liquide« Future-Märkte an den Börsen gibt.

Das Geld der Investoren, das dem Fonds zufließt, wird von einem Fondsmanager verwaltet. Dieser kauft entsprechend der Zusammensetzung des zugrundeliegenden Index ausschließlich Kaufverträge (Long-Positionen) an den Future-Märkten. Hat also ein Fonds eine Milliarde US-Dollar Anlegergeld, dann erwirbt der Manager Long-Futures, deren nomineller Wert auch eine Milliarde Dollar beträgt. Dafür muss er jedoch nicht die gesamte Anlagesumme aufwenden, sondern nur das Geld, das die Börse als Margin, als Sicherheitsleistung für die möglichen Preisschwankungen fordert. Die Margin-Zahlung beträgt, je nach Marktlage und Future-Kontrakt, mal acht, mal zehn, im Ausnahmefall bei besonders wechselhafter Preisentwicklung auch mal 15 oder 20 Prozent. Den Rest des Geldes parken die Fondsmanager in sicheren, kurz laufenden Staatsanleihen, deren Verzinsung auch dem Fonds zufließt. Das Anleihekonto dient dem Fondsanbieter auch als Sicherheit für mögliche Verluste. Die Banken übernehmen also selbst keinerlei Risiko. Gleichzeitig erheben sie aber vorab zwischen ein und zwei Prozent Gebühren auf die gesamte Anlagesumme.

Steigt die Notierung der Futures aufgrund von Preiserhöhungen der Rohstoffe während ihrer Laufzeit, dann schreibt die Börse dem Konto des Fondsmanagers den Zuwachs gut. Sinkt die Notierung, zieht sie die entsprechenden Beträge von dem Margin-Konto ab oder fordert gegebenenfalls Nachzahlungen, die der Fondsmanager aus dem in Anleihen geparkten übrigen Fondsvermögen leistet. Im gleichen Umfang steigt oder fällt der Wert des Fondsanteils.

Eine Besonderheit der Rohstoff-Fonds ist, dass die Fondsmanager ihre Future-Positionen stets kurz vor dem Ablauf der jeweiligen Kontrakte erneuern müssen, weil das Kapital des Fonds auch nach Fälligkeit der Futures weiterhin in Futures investiert bleiben soll. Dafür stellen sie die auslaufenden Futures glatt und erwerben anschließend neue Futures zu der jeweiligen Notierung. Dieser Vorgang wird »Roll« genannt und birgt für die Anleger Risiken. Wenn die Fonds binnen kurzer Zeit eine große Zahl neuer Future kaufen, treiben sie damit den Preis zunächst hoch. Anschließend kommt es häufig vor, dass dieser im weiteren Zeitablauf wieder fällt. So kann es ein, dass der zugrundeliegende Index auf lange Frist zwar steigt, weil die jeweilig nächstfälligen Futures gegenüber denen der vorherigen Monate teurer sind. Aber die Anleger haben daran nur zu einem geringeren Umfang teil oder machen sogar Verluste, weil der Roll die zunächst erzielten Gewinne wieder aufzehrt.

Die Wertentwicklung von Indexfonds auf Rohstoffe hat darum für die Anleger drei Komponenten:

– den »Spot Return«, der sich aus der Differenz zwischen Einkauf und Verkauf der Futures ergibt

– den »Roll Return« aus dem Austauschen von auslaufenden gegen neue Futures

– und den »Collateral Return«, der sich aus den Zinsleistungen für das in Anleihen angelegte Fondsvermögen ergibt.

Die Summe aus allen drei Komponenten heißt »Total Return«.

Eine besonders umstrittene Eigenschaft der Index-Fonds ist, dass sie grundsätzlich nur Kaufpositionen erwerben und diese kontinuierlich über einen längeren Zeitraum erneuern (rollieren), das heißt diese ungeachtet von der

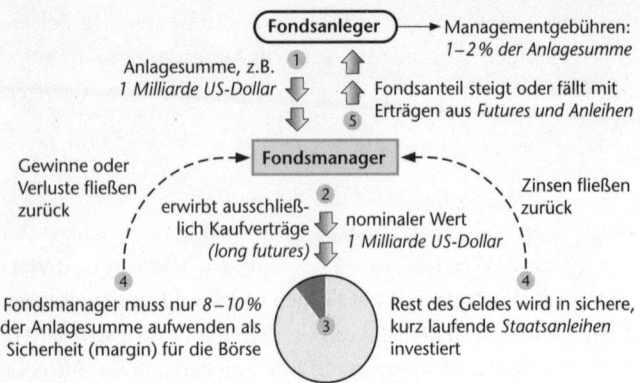

Abb. 5: Zahlungsfluss bei einem Indexfonds

tatsächlichen Entwicklung von Angebot und Nachfrage für die beteiligten Rohstoffe auch beibehalten. Darum erzeugen sie eine erhebliche zusätzliche Nachfrage nach Future-Kaufkontrakten und werden auch als »long-only« oder »massiv passives« bezeichnet. Ziehen die Investoren allerdings ihr Kapital ab und geben ihre Fondsanteile zurück, weil sie bessere Anlagemöglichkeiten haben oder, wie während der Finanzkrise, dringend liquides Kapital benötigen, lösen auch die Fondsmanager im gleichen Maß ihre Long-Positionen auf den Future-Märkten auf und können so einen Preisverfall erzeugen.

2.4 Die große Deregulierung

Die als »Innovation« gepriesenen Rohstoffindexfonds der Finanzindustrie hätten jedoch kaum irgendwelche Folgen gehabt, wenn die alten Regeln der Terminbörsen in Chicago und

New York weiterhin Anwendung gefunden hätten. Mit der bis 1990 geltenden Begrenzung auf 600 Kontrakte pro Investor und Rohstoff wären einzelne Banken schnell an ihre Grenzen gestoßen. Zudem galt in den USA bis dahin noch das seit den 30er Jahren zur Begrenzung des Bankenrisikos geltende Gesetz (»Glass-Steagall-Act«) zur Trennung des konventionellen Bankgeschäfts mit Einlagen und Krediten von jenem des Handels und Vertriebs von Wertpapieren, wie es die Investmentbanken betreiben. Weil sie sich nicht auf Kundeneinlagen stützen konnten, hatten Investmentbanken darum schlechtere Bonitätsnoten und waren so riskantere Partner für Kapitalmarktgeschäfte, mussten also mehr für benötigte Kredite bezahlen als normale Banken mit den Bestnoten der Rating-Agenturen, die gemeinhin zur Bewertung der Bonität von Kreditnehmern und Ausstellern von Wertpapieren engagiert werden.

Darum drängte die Finanzbranche auf die Aufhebung der alten Regeln, und das mit durchschlagendem Erfolg. Es war die große Zeit des Glaubens an die Selbstregulierung der Märkte, wie sie die neoliberale Schule der Wirtschaftswissenschaft lehrte. Demnach sollten die Finanzmärkte so »effizient« in der Verarbeitung von Informationen über kommende Marktentwicklungen sein, dass sich mögliche Übertreibungen auch ohne staatliche Aufsicht von selbst ausgleichen sollten. Eine Expertin, die nicht daran glaubte, war die Juristin Brooksley Born, die zu jener Zeit die Commodity Futures Trading Commission (CFTC) leitete, jene Behörde also, die für die Aufsicht über die Terminbörsen zuständig war. Borne hatte beobachtet, dass nicht nur der Handel mit den Futures an den ihr unterstehenden Börsen mit zweistelligen Raten zulegte, gleich ob für Rohstoffe oder für Währungen und Zinswetten. Parallel dazu hatten die Banken begonnen, im großen Stil ähnliche Verträge auch jenseits der Börsen direkt mit Kunden oder untereinander zu han-

> Die Abkürzung **OTC** leitet sich aus dem Begriff »over the counter« (über den Ladentisch) ab und bezeichnet den Handel mit Finanzinstrumenten und Wertpapieren aller Art, der nicht über öffentliche Börsen abgewickelt wird, sondern nur bilateral zwischen zwei Finanzmarktakteuren.

deln, im Finanzjargon Over-the-Counter-Handel genannt (OTC). Welches Geldhaus damit welche Risiken einging, darüber gab es weder Daten noch behördliche Kontrollen. »Der völlige Mangel an zentraler Information«, so erklärte Born darum schon 1998 bei einer Anhörung im Kongress, erlaube es den Derivate-Händlern »Risiko-Positionen einzunehmen, die unsere regulierten Märkte, ja sogar unser ganze Wirtschaft bedrohen, und das ohne das Wissen irgendeiner Bundesbehörde«.[27] Aber ihre Ankündigung, die CFTC wolle die nötige Aufsicht übernehmen, traf auf massiven Widerstand. Nicht nur Finanzminister Robert Rubin, der zuvor Chef bei Goldman Sachs gewesen war, lehnte Borns Ansinnen rundheraus ab. Ihm zur Seite stand auch der damalige Vorsitzende des Bankenausschusses im Senat, Phil Gramm, der über Wahlkampfspenden der Finanzindustrie eng verbunden war und nach seinem Ausscheiden aus dem Kongress den Posten eines Vizepräsidenten beim Schweizer Bankriesen UBS übernahm. Als auch der amtierende Vorsitzende der Notenbank Federal Reserve, Alan Greenspan, in den Chor einstimmte, gab Born auf und trat zurück. Mit dem Ruf nach »Befreiung von der Regulierung« setzten Gramm und Rubin dann im Jahr 2000 gleich zwei radikale Gesetzesänderungen durch. Die erste, der Gramm-Lech-Bliley-Act, hob alle Grenzen im Finanzgewerbe auf. Alle Finanzkonzerne durften fortan alle Arten von Finanzgeschäft unter einem Konzerndach vereinen. Kurz darauf folgte der »Commodity Futures Modernization Act«. Dieses Gesetz stellte nicht nur das OTC-Derivate-Geschäft ausdrücklich von jeder Aufsicht frei. Zugleich hob es auch für den Handel mit Futures auf Energierohstoffe alle bis dahin geltenden Begrenzungen auf. Parallel dazu setzte die Leitung der CBOT, der Terminbörse in Chicago, auch die Positionslimits für die Futures auf Getreide und Sojabohnen immer weiter rauf. Waren ehedem nur 600 Kontrakte pro Handelsteilnehmer und Getreidesorte erlaubt, stiegen diese für Mais auf 22 000, für Sojabohnen auf 10 000 und für Weizen auf 6500. So konnten einzelne Akteure jeweils Verträge über 884 000 Tonnen Weizen, 1,3 Millionen Tonnen Sojabohnen und fast 3 Millionen Tonnen Mais abschließen, entsprechend etwa einem Prozent der gesamten Erntemenge für die jeweiligen Getreidesorten pro Handelsteilnehmer.

Für die Banker im Geschäft mit Rohstoff-Derivaten waren jedoch auch diese Grenzen noch zu eng. Um sie zu umgehen, nutzten sie ein Schlupfloch, das die Gesetzgeber schon 1936 bei Gründung der CFTC gelassen hatten. Demnach durften sich Unternehmen, die als Händler mit der physischen Ware oder als Verbraucher großer Mengen Getreide oder Rohöl ein legitimes Interesse an der Preissicherung nachweisen konnten, von den Positionsgrenzen befreien lassen. Diese als »bona-fide-hedging« bezeichnete Ausnahmeregelung beanspruchte als erste Bank Goldman Sachs auch für sich, nachdem sie in den Verkauf ihrer Indexfonds auf Rohstoffe eingestiegen war. Der Chef der Goldman-eigenen Handelsfirma J. Aron schrieb dazu an die CFTC, auch sein Unternehmen müsse sich gegen Preisrisiken absichern, genauso wie Produzenten und Verarbeiter, weil sie ihren Kunden eine Teilnahme am Rohstoffmarkt anboten. Diese Forderung lief dem Zweck der Regelung vollständig zuwider. Die Positionsgrenzen sollten ja gerade den Einfluss des aus rein finanziellen Motiven betriebenen Future-Handels beschränken. Aber der Einfluss der Finanzlobby hatte mehr Gewicht als diese Logik, und die Ausnahme wurde schließlich gewährt, nicht zuletzt deshalb, weil mit Robert Rubin ein früherer Chef von Goldman Sachs das Finanzministerium führte. Von da an gab es kein Halten mehr. Schon bald bekamen auch andere Anbieter für Index-Swap-Geschäfte wie Morgan Stanley, Merill Lynch (heute Bank of America) oder Citibank den gleichen Status. Als Folge der großen Deregulierung konnte ab dem Jahr 2000 schließlich jedes Finanzunternehmen diesen Ausnahmestatus in Anspruch nehmen, und die Positionsgrenzen verloren ihre Bedeutung. Und es blieb auch nicht bei den Swap-Arrangements für institutionelle Investoren wie Pensionsfonds oder Stiftungen. Fortan lotsten die neuen Herren des Rohstoffgeschäfts an der Wall Street und in der Londoner City zusehends auch Privatanleger in die Rohstoffanlagen.

2.5 Deutsche Bank und Allianz –
Marktführer für Rohstoffwetten

An dieser Front war die Deutsche Bank der Pionier. Der frühere Manager Kevin Rich entwickelte ab 2004 erstmals einen offenen Rohstoff-Fonds unter dem Namen DB Power Shares. Dieser stand auch für Kleinanleger offen, wurde ähnlich wie andere Investmentfonds auch an der Börse gehandelt und konnte also jederzeit ge- und verkauft werden. Das Produkt wurde schnell ein Renner, und mittlerweile gibt es viele hundert solcher »Exchange traded Funds« (ETF), mit denen sich Hunderttausende von Anlegern an den Wetten auf Rohstoffpreise beteiligen. ETFs, so schwärmte die *Financial Times*, »erlauben es Investoren, eine Position in Rohöl oder Kupfer [oder Getreide] so einfach zu handeln wie Aktien oder Anleihen«.[28]

So vergrößert sich der Markt für Wertapiere fortwährend, die den Preisen für Rohstoff-Futures folgen. Zu den Fonds, die über die ganze Breite der Rohstoffe investieren, gibt es inzwischen zahlreiche weitere, die speziell einzelne Roh-stoffklassen wie Energie, »Soft commodities« (Kakao, Kaffee, Baumwolle) oder auch den Agrarsektor insgesamt verfolgen. Unter der Marke Power Shares der Deutschen Bank firmie-ren daher neben dem als »Flagschiff« bezeichneten Commo-dity Index Tracking Fund mit rund 5,5 Milliarden Dollar An-lagekapital (Stand Ende 2011) sieben weitere Fonds für Edelmetalle, Industriemetalle, Energie allgemein sowie Öl spe-ziell und ein weiterer nur für Agrarrohstoffe, der Ende 2011 mit mehr als zwei Milliarden Dollar gefüllt war.[29] Unter der Marke x-trackers bietet die Deutsche Bank zudem ein ähn-liches Fonds-Programm auch für ihre europäischen Kun-den an. Insgesamt unterhält die Deutsche Bank nicht weniger als 45 Fondsvehikel, deren Wert an die Preise von Agrar- und Energierohstoffen gekoppelt ist. Damit verwaltet die Bank Anlagen von mehr als fünf Milliarden Dollar, die nur auf stei-gende Agrarpreise setzen, ergab eine Studie der niederländi-schen Stiftung Somo.[30]

In ähnlicher Größenordnung sind fast alle international täti-gen Banken in diesem Sektor engagiert. Aber sie sind nicht allein. Hinzu kommen zahlreiche Hedgefonds, Vermögens-verwaltungen und Versicherungen, die zum Teil bei den Ban-kenfonds anlegen, aber immer häufiger auch eigene Rohstoff-Fonds auflegen und ihrerseits auf diesem Weg Anlegergelder auf die Rohstoffmärkte lenken.

Marktführer in dieser Gruppe ist wiederum ein deutscher Konzern: Die Allianz AG mit ihrer amerikanischen Tochter-gesellschaft Pimco, dem größten Vermögensverwalter der Welt. Bei dessen »Commodity Real Return Strategy Fund« waren im März 2012 mehr als 20 Milliarden Dollar investiert, wovon rund ein Drittel direkt und indirekt für Wetten auf Nahrungs-mittelpreise eingesetzt wird.[31] Damit übertrifft Europas größ-ter Finanzkonzern allein mit diesem Fond auch die Deutsche

Bank. Daneben unterhalten Pimco und die Allianz Global Investors aber noch vier weitere Fonds, die gemeinsam noch einmal mehr als zwei Milliarden Euro Anlegergeld eingesammelt haben, um sie in Rohstoffwetten zu investieren. Insgesamt hielten die Rohstoff-Fonds deutscher Unternehmen im Jahr 2011 mehr als elf Milliarden Euro, um sie in Wetten auf steigende Agrarpreise anzulegen, ermittelte die Organisation Oxfam.[32]

Neben solchen Fondsanteilen sind mindestens noch einmal ebenso viele sogenannte Exchange Traded Commodities (ETC) im Angebot, die dem Anleger zusätzlich die Sicherheit bieten, dass sie direkt mit physischen Rohstoffen unterlegt sind.[33] Hinzu kommt eine unüberschaubar große Anzahl von »Zertifikaten« auf Rohstoffpreise, im englischen Finanzjargon »Exchange Traded Notes« genannt. Dabei handelt es sich um Schuldverschreibungen der ausgebenden Banken gegenüber den Anlegern. Deren Rückzahlung und Verzinsung ist in der Regel über eine jeweils spezifische Formel an die Preisentwicklung einzelner Rohstoffe oder eines Indizes über eine ganze Rohstoffgruppe gekoppelt. So können die Anleger auch direkte Wetten auf einzelne Rohstoffpreise abschließen.[34] Weil die emittierenden Banken sich ihrerseits gegen mögliche Verluste aus diesen Wetten an den Terminbörsen absichern, hat auch der Verkauf der Zertifikate wiederum Einfluss auf die Preise an den Future-Märkten.

Und selbst alle diese öffentlich gehandelten rohstoffgebundenen Wertpapiere sind doch nur ein kleiner Teil des Marktes. Parallel dazu baute die Finanzwirtschaft einen noch weit größeren, nicht-öffentlichen OTC-Markt für Rohstoffderivate jenseits der Börsen und jeder Aufsicht aus. Dieser läuft über direkte Vereinbarungen zwischen den Banken und ihren Kunden sowie zwischen den Banken untereinander. Dabei fungieren die Rohstoffabteilungen der Banken als Drehscheibe zwischen allen am Rohstoffmarkt beteiligten Akteuren, also nicht nur Finanzinvestoren, sondern auch Produzenten und Verarbeiter, die nicht selbst auf den Terminmärkten handeln wollen. Für sie übernehmen die Banken genau wie die Börsen auch die Preissicherung, für Käufer genauso wie für Verkäufer, allerdings nach deren jeweils spezifischen Anforderungen. Weil die einen als Käufer auftreten, die anderen als Verkäufer, stehen die Banken zwischen den Teilnehmern. So können sie die jeweiligen Risiken gegeneinanderstellen, so wie es auch die Börsen tun. Weil sie aber alle Kundenwünsche bedienen, gleich ob die Kunden long oder short gehen wollen, gleichen sich die Positionen – anders als an den Börsen – nicht aus. Es kann sein, dass zum Beispiel mehr Bankkunden als Käufer auftreten, die auf steigende Preise setzen, als Verkäufer dem gegenüberstehen, die sinkende Preise erwarten. Dadurch entsteht für die Banken ein Risiko, das sie selbst wiederum durch den Kauf / Verkauf von Futures an den regulierten Börsen absichern. Auf diesem Wege hat sich das rein finanzielle Rohstoffgeschäft noch einmal vervielfacht, weil die Banken so über den OTC-Handel eine zusätzliche parallele Handelsumgebung schaffen. Nach Angaben des Leiters der CFTC, Gary Gensler, ist das Volumen des OTC-Geschäfts mit Rohstoffderivaten noch siebenmal größer als jenes, das über die Terminbörsen läuft.[35]

All jene Banken, die auf diesem Weg im Zentrum von milliardenschweren Kapitalflüssen rund um das Rohstoffgeschäft stehen, verfügen damit über einen enormen Informationsvorsprung gegenüber allen anderen Marktteilnehmern und über nicht minder große potentielle Macht über die Preisgestaltung. Folgerichtig stiegen die großen Investmentbanken darum in den vergangenen Jahren selbst auch in den physischen Handel mit Rohstoffen ein. Rund um den Globus kauften die Großen der Branche wie Goldman, Morgan Stanley, Barclays,

JP Morgan oder Deutsche Bank Lagerhäuser, Tanker und Pipeline-Kapazitäten. Seitdem betreiben sie nicht mehr nur die »virtuelle« Hortung von Rohstoffen in Form von Future-Verträgen im Auftrag ihrer Kunden, sondern horten auch die Rohstoffe selbst, wenn die Future-Preise anzeigen, dass sie zu einem späteren Zeitpunkt zu höheren Preisen verkauft werden können. Das geht so weit, dass Morgan Stanley zeitweilig mehr Tanker chartert als selbst der Ölkonzern Chevron.[36] Vergleichbares ist zwar von Agrarrohstoffen und Getreide nicht bekannt, doch vieles spricht dafür, dass einzelne Akteure – seien es Banken, Handelshäuser oder auch große Landwirtschaftsbetriebe – das Gleiche auch im Agrarsektor betreiben. Denn der stete Zustrom von Kapital auf die Terminmärkte lässt im Trend Preissteigerungen erwarten, die höher sind als die Lagerkosten.

Und diesen Zustrom sichert das weltweite Marketing der Finanzbranche. Mittlerweile gibt es kaum einen Vermögensberater und kaum eine Bank, die ihren Kunden nicht dringend empfehlen, einen Teil ihres Portfolios in diesen Finanzprodukten anzulegen. Rohstoffe hätten »eine entscheidende Rolle« für ein »krisenfestes Depot«, rät da zum Beispiel Jörg Warnecke, Anlagemanager bei Union-Investment, der Fondstochter der deutschen Genossenschaftsbanken.[37] Gleichzeitig füttern Analysten aller Couleur die Wirtschaftspresse stetig mit entsprechenden Einschätzungen. Darum berichtet etwa die Financial Times täglich über die Rohstoffanlage und ihre Vorteile. Unter der Überschrift »Investors rush to hedge against Inflation« (Investoren eilen, um sich gegen Inflation zu sichern), erklärt dann Toby Nangle, Direktor bei Baring Asset Management, der Vermögensverwaltung der niederländischen ING-Bank, die Inflation werde vor allem durch die Preise »für Rohstoffe und Nahrung getrieben«. Darum sei es sinnvoll, durch den Kauf der passenden Fonds »daran teilzuhaben«.[38] Die britische Mega-

Abb. 6: Werbung der Deutschen Bank auf einer Brötchentüte.

bank Barclays wiederum schreibt im April 2011, »die Preise für
Öl und Nahrung erreichen ein Niveau, das Inflationsängste an-
heizt und dadurch implizit die Performance (Wertentwicklung) anderer Kapitalanlagen schwächt«. Darum sei »jetzt die
Zeit für Rohstoffinvestments«.[39] Es herrsche mittlerweile eine
»Kauft-Rohstoffe-Mentalität«[40], befand auch Terry Roggen-
sack, Autor des angesehenen amerikanischen Analysedienstes
für die Agrarmärkte Hightowers Report. Zeitweilig ging die
Deutsche Bank sogar so weit, auf Brötchentüten für ihren
Agrarfonds zu werben. »Freuen Sie sich über steigende Preise?«
hieß es da und weiter: »Alle Welt spricht über Rohstoffe – mit
dem ›Agriculture Euro Fonds‹ haben Sie die Möglichkeit, an
der Wertentwicklung von sieben wichtigen Agrar-Rohstoffen
zu partizipieren.«

Genauso ging auch der Allianz-Konzern auf Anlegerfang

und warb in einer seiner Publikationen für ihre Fonds mit dem Motto »(Saat-)Gut fürs Depot«, das den Käufern »satte Gewinne« beschere.[41]

So heizt sich der Rohstoffboom fortwährend selbst an. Noch 2003 waren nur rund 13 Milliarden Dollar in Derivaten auf Rohstoffe aller Art angelegt. Bis zum Frühjahr 2012 schwoll diese Summe nach Angaben der Rohstoffanalysten der Barclays Bank auf 435 Milliarden Dollar an. Diese Zahl erfasst jedoch nur die Werte der börsengehandelten Rohstoffanlagen sowie die Daten, die Barclays per Umfrage über die Anlagen in Index-Swaps (vgl. Fußnote 5) ermittelt. Nicht darin enthalten sind die Summen, die zusätzlich von Hedgefonds für Wetten an den Rohstoffmärkten eingesetzt werden. Bei diesen weitgehend unregulierten Fonds, die viele verschiedene Anlagestrategien über die ganze Breite des Kapitalmarktes verfolgen, sind weltweit rund zwei Billionen US-Dollar angelegt. Würden nur fünf Prozent davon an den Rohstoffmärkten eingesetzt, wäre die Gesamtsumme noch einmal um 100 Milliarden Dollar größer. Nicht eingerechnet sind auch jene Gelder, die Banken und andere Finanzinstitute im Eigenhandel auf die Rohstoffbörsen schleusen. Dieser Teil des Handels läuft vollständig im OTC-Bereich, der bei keiner Börse erfasst wird. Nach Angaben der Bank für Internationalen Zahlungsausgleich, der in Basel ansässigen Bank der Zentralbanken, betrug aber der Marktwert für OTC-Rohstoffderivate im Dezember 2011 rund 390 Milliarden Dollar.[42] Diese werden von der umfragebasierten Barclays-Schätzung aber allenfalls in Teilen erfasst. Anzunehmen ist daher, dass mehr als 600 Milliarden Dollar im finanziellen Rohstoffgeschäft angelegt sind. Das entspricht etwa einem Zehntel des Wertes aller weltweit gehandelten Aktien.

Hedgefonds heißen Investmentfonds, die keiner gesetzlichen Begrenzung in ihren Anlagestrategien unterliegen und die deshalb in der Regel in Steueroasen registriert sind und nur für vermögende Anleger und Finanzinstitutionen offenstehen. Sie werden zumeist von erfahrenen Händlern betrieben, die – häufig mit zusätzlich geliehenem Geld – erhebliche Risiken eingehen und darum sowohl große Gewinne als auch spektakuläre Verluste für ihre Kunden erwirtschaften. Ihre Dienste lassen sie sich zumeist mit 2 Prozent der Anlagesumme und 20 Prozent des Gewinns entlohnen.

Ob und in welchem Umfang die Anleger mit den Rohstoff-Anlagen tatsächlich Gewinne machen, ist nicht genau zu ermitteln. Weil die Preise im Zuge der wachsenden »Finanzialisierung«[43] der Rohstoffmärkte stark schwanken und zudem hohe Transaktionskosten anfallen, brachten die vergangenen fünf Jahre vielen Investoren auch erhebliche Verluste. Für die beteiligten Banken jedoch ist das Rohstoffgeschäft umso mehr zu einer tragenden Säule für ihre Gewinne geworden. Allein Goldman Sachs erzielt im Handel mit Rohstoffderivaten Nettoeinnahmen von bis zu fünf Milliarden Dollar im Jahr, entsprechend gut zehn Prozent der Gesamteinnahmen des Konzerns.[44] Auch die Deutsche Bank schreibt in ihrem Geschäftsbericht für 2010, der Rohstoffhandel bleibe »das wichtigste Wachstumsfeld« des Konzerns und berichtet dementsprechend für das Geschäftsjahr 2011, im Rohstoffhandel seien trotz eines schwierigen Geschäftsumfelds Rekorderträge erzielt worden, die nach Angaben von Branchenanalysten rund eine Milliarde Dollar ausmachten und damit rund ein Sechstel zum Jahresgewinn der Bank beitrugen.[45] Goldman Sachs und Morgan Stanley, die beiden Marktführer, erzielten 2011 im Rohstoffsektor Einnahmen von zwei beziehungsweise 1,5 Milliarden Dollar.[46] Und auch der Bankriese JP Morgan, der allein im Rohstoffbereich 1800 Mitarbeiter beschäftigt, kalkulierte für 2011 den dort erwirtschafteten Reingewinn auf mehr als 1,2 Milliarden Dollar.[47] Glenn Shorr, einer der führenden Analysten für das Bankgeschäft beim Wertpapierhaus Nomura, schätzt die Banken-Gewinne im Rohstoffhandel insgesamt auf neun bis 14 Milliarden Dollar im Jahr.[48]

Große Gewinner des wachsenden Handels mit Rohstoffderivaten sind nicht zuletzt die Börsen selbst. Denn für jeden Kauf und Verkauf von Futures und Optionen fallen je nach Handelsvolumen der Kunden Gebühren von 30 US-Cent bis zu einem Dollar an. Hinzu kommen Gebühren in der gleichen Größenordnung für die finanzielle Abwicklung der Deals am Tag der Fälligkeit. Auf diesem Weg erzielte zum Beispiel der Börsenkonzern CME, dem die Future-Börsen in Chicago (CBOT) und New York (Nymex) gehören, im Jahr 2010 fast die Hälfte seines gesamten Jahresumsatzes von drei Milliarden Dollar nur mit dem Handel von Rohstoffderivaten.

Doch wer muss für diese Gewinne bezahlen, die sich nicht aus Investitionen in Unternehmen und Anleihen speisen, sondern aus Terminmarktgeschäften, die lediglich Wetten auf steigende oder fallende Preise sind? Und sind es die Anleger selbst, die die Preise nach oben treiben? Nachdem 2007 und Anfang 2008 die Preisexplosion für Getreide und andere Agrarrohstoffe weltweit mehr als 100 Millionen Menschen die Hungersnot brachte, erhoben Hilfsorganisationen, UNO-Behörden und auch zahlreiche Ökonomen den Vorwurf, die Finanzindustrie mache da ein Milliardengeschäft mit der Not der Armen. Die Manager der betroffenen Geldhäuser wiesen den Vorwurf entschieden zurück. Die Preisentwicklung sei auf den tatsächlichen Mangel an Nahrungsmitteln zurückzuführen, weil die Produktion mit der wachsenden Nachfrage aus den Schwellenländern und für die Gewinnung von Bio-Energie nicht mithalte, ließ etwa Goldman Sachs erklären.[49] Die Kontroverse hat einen erbittert geführten akademischen und politischen Streit in den USA und Europa ausgelöst und eine Fülle von neuen Gutachten und Studien zum Thema hervorgebracht. Die Ergebnisse sind keineswegs eindeutig. Doch die Behauptung, die Rohstoffspekulation habe keinen Einfluss auf die Preise für Nahrungsmittel, ist nicht länger haltbar.

3 Preise und Beweise – Der Anteil der Spekulation am den Preissteigerungen von Nahrungsmitteln

Wenn Anlageberater und Analysten zum Kauf einer Aktie oder sonstiger Wertpapiere raten, dann begleiten sie ihre Empfehlung in der Regel mit einer »Story«, einer Geschichte, die erklären soll, warum das Investment gute Aussichten auf hohe Gewinne hat. Für die Anbieter von Rohstoff-Fonds und ähnlichen Finanzprodukten ist diese Story seit einem Jahrzehnt stets dieselbe, und sie ist gut: Die Weltbevölkerung wächst um 80 Millionen Menschen pro Jahr, die Wirtschaft in den Schwellenländern wie China, Indien oder Brasilien legt jährlich um acht bis zehn Prozent zu und damit auch der Bedarf an Öl, Kupfer, Getreide und anderen Rohstoffen. Und gleichzeitig setzen immer mehr Länder auf Mais, Raps- und Sojaöl zur Herstellung von Biosprit. Der Planet aber wächst nicht mit, die Verfügbarkeit von Ressourcen und Ackerland bleibt begrenzt. Also müsse die Nachfrage schneller steigen als das Angebot, folgerten zahlreiche Analysten, und es könne gar nicht anders sein: Die Preise für Rohstoffe müssten steigen.

Dieses Phänomen belegte der Investment-Guru Jim Rogers, der einst mit George Soros den bis heute erfolgreichen Quantum Hedgefonds gründete, bereits zu Beginn des Jahrhunderts mit dem Begriff »Supercycle«. Gemeint war, dass der Aufwärtstrend bei den Rohstoffpreisen weitgehend unabhängig vom Auf und Ab der Weltwirtschaft, dem klassischen Konjunkturzyklus, über lange Zeit anhalten werde. Und die Entwicklung seit Anfang 2010 scheint die Prognose zu bestätigen. Die Unterbrechung durch die große Finanzkrise währte nur kurz, und die Rohstoffpreise legten anschließend wieder weit schneller zu als die Weltwirtschaft insgesamt. »Der Super-Zyklus ist im vollen

Schwung«, kündete darum im Februar 2011 Roger Jones, Leiter des Rohstoffteams bei der britischen Investmentbank Barclays, die selbst zu den größten Anbietern für Rohstoff-Fonds zählt.[50]

Die Frage, ob nicht gerade auch die anwachsenden spekulativen Finanzanlagen selbst die Preise im Rohstoffsektor treiben, weisen Vertreter der interessierten Unternehmen aus der Finanzbranche dagegen stets vehement zurück. Dabei tun sich insbesondere die Manager der großen Börsenkonzerne hervor. Sie profitieren erheblich vom extrem angewachsenen Umsatz mit Rohstoffderivaten und zählen neben den Investmentbanken zu den größten Profiteuren des Rohstoffbooms.

Um das zu verteidigen, verwenden sie stets einen weitgehend gleichbleibenden Kanon von Argumenten, wie ihn gleich drei Börsenchefs Mitte Juni 2011 bei einer Konferenz der EU-Kommission in Brüssel vortrugen. Dort erklärte Martin Abbott, Chef der Londoner Metallbörse LME, entscheidend für die Preise seien allein die Veränderungen bei den »fundamentals«, den Daten zu Angebot und Nachfrage. »Die smarten Investoren haben nur früher als andere verstanden, dass sich dieses Muster geändert hat. Der [Rohstoff-]Sektor war einfach unterinvestiert.« Anschließend trug Brian Durkin, Vorstandsmitglied der CME Group, dem weltgrößten Betreiber von Future-Börsen in Chicago und New York, ein weiteres Standardargument vor: »Die Spekulanten werden dringend gebraucht, um den Handel liquide zu halten«, sprich, nur weil viele Investoren im Markt sind, gebe es jederzeit Käufer und Verkäufer und nur so könnten die Future-Börsen ihre Funktion für die Preisfindung und -absicherung erfüllen. Erst dies, so erklärte Durkin, »versorgt die Rohstoffproduzenten und die Farmer mit den Informationen über künftige Erlöse für ihre Produkte, die sie benötigen, um die benötigten Mengen herzustellen«. Darum, so ergänzte schließlich David Peniket, Europa-Chef der Ölbörse Intercontinental Exchange (ICE), sei die Kritik an der Spekulation nichts anderes als »die Suche nach einem Sündenbock«. Die Spekulanten seien »nur die Überbringer der schlechten Nachricht«, keineswegs aber deren Verursacher.[51] Und schließlich, so erklärte Terry Duffy, der Chef der CME Group an anderer Stelle und mehrfach auch vor dem US-Senat, gebe es »keinen Nachweis, dass Spekulanten die Preise irgendeines bestimmten Produktes beeinflussen«. Wenn Spekulanten in einen Markt gingen, so Duffy, »haben sie vielleicht einen kurzfristigen Einfluss«, das wolle er nicht bestreiten, aber die »fundamentalen Daten setzten sich immer durch«.[52]

Folgt man dieser Argumentation, dann sind die Finanzanleger auf den Rohstoffterminmärkten nicht nur unschädlich, sondern sogar unverzichtbar, damit die Produzenten und Verarbeiter ihre Preise an den Future-Börsen absichern und so ihre Produktion planen können. Zudem sind sie nur besser informiert als ihre Kritiker und reagieren lediglich auf echte Knappheiten. Und auf die real gezahlten Preise für Rohstoffe haben sie keinen Einfluss, jedenfalls keinen, der sich handfest nachweisen lässt. Das klingt zunächst plausibel. Doch das wirkliche Geschehen an den heutigen Terminbörsen beschreiben diese Argumente nicht. Denn sie berücksichtigen nicht, dass die Motive und die Strategien der spekulativen Anleger auf den Rohstoffmärkten sich grundlegend verändert haben.

3.1 Gute und schlechte Spekulanten – Wie viel Liquidität wird gebraucht?

Noch etwa bis zur Jahrhundertwende erfüllten die Future-Börsen tatsächlich die Funktion, für die sie einst erfunden wurden und wie sie die Verfechter des Geschäfts auch heute noch gerne beschwören. Das Gros der geschlossenen Kontrakte ging auf das Konto von Produzenten und Verarbeitern, die sich damit gegen Preisschwankungen absicherten. Parallel zu ihnen handelten auch Spekulanten an den Börsen. Sie zeichneten mal Kauf-(Long-) und mal Verkaufs-(Short-)Positionen, je nachdem, wie sie die weitere Entwicklung bei Angebot und Nachfrage einschätzten. Sie sorgten auch dafür, dass die Börse jederzeit liquide war, dass also zum Beispiel Getreideverkäufer auch dann Käufer fanden, wenn die Verarbeiter gerade nicht kauften und umgekehrt. Auf diese Weise übernahmen die Spekulanten einen Teil des Risikos für jene, deren Geschäft der Kauf und Verkauf der physischen Ware war. Die Gewinne, die sie dabei erzielten, waren insofern eine Art Prämie für die Preissicherheit, die der Future-Handel den Produzenten und Verarbeitern bot. Insgesamt machte die reine Spekulation aber nur einen kleinen Teil der gehandelten Future-Verträge aus.

Dies hat sich jedoch mit der seit dem Jahr 2000 betriebenen Deregulierung und dem daraufhin folgenden Einstieg der Index-Investoren und vieler Hedgefonds grundlegend geändert. Das belegen die Daten über die Positionen der verschiedenen Händler-Klassen, welche die US-Aufsichtsbehörde CFTC wöchentlich veröffentlicht.[53] Diese sogenannten COT-Berichte (»Commitment of Traders«) unterscheiden die »kommerziellen«, also vorwiegend mit dem Handel und der Verarbeitung der physischen Ware befassten Händler, von den »nicht kommerziellen«, also nur spekulativ handelnden Akteuren. Was sich geändert hat, demonstrieren exemplarisch die Daten für den Weizen-Kontrakt der Börse in Chicago (Wheat, CBOT). Bis 1999 lag der Anteil der in diesem Markt zu rein spekulativen Zwecken gehaltenen Kontrakte bei rund 20 bis 30 Prozent des Gesamtvolumens.[54] Gut zwei Drittel aller Kontrakte hielten dagegen die klassischen Interessenten für die Preissicherung, die »Hedger«. Bis 2006 hatte sich dieses Verhältnis jedoch völlig umgekehrt. Seitdem gehen bis zu 80 Prozent aller Positionen auf das Konto der Spekulanten, während die Verträge zum traditionellen Absichern (»Hedging«) nur noch höchstens ein Drittel des Gesamtvolumens ausmachen (siehe Abb. 7)[55]. Ein ganz ähnliches Muster ergeben die Daten auch für alle anderen an Amerikas Terminbörsen gehandelten Rohstoffe.

> Als **Hedger** bezeichnet man jene Akteure auf den Finanzmärkten, die sich durch den Kauf von Futures und anderen Derivaten gegen Preis- und Kursschwankungen von Rohstoffen, Wechselkursen oder Zinsen absichern (engl.: to hedge) wollen.

Wenn aber so der Future-Handel zum allergrößten Teil nur noch für Zwecke der Spekulation betrieben wird, dann ist die Behauptung, dies schaffe nur »Liquidität« und diene vornehmlich Produzenten und Industrie zur Preissicherung, grob irreführend. So wird an den US-Terminbörsen jährlich auf elektronischem Weg etwa das 70fache der gesamten US-Weizenernte gehandelt. Damit übersteigt die Zahl der gehandelten Verträge das für das Hedging der kommerziellen Handelsteilnehmer nötige Volumen um ein Vielfaches. Das belegen nicht zuletzt Daten der europäischen Getreidebörse Matif, einer Tochter des NYSE-Euronext-Konzerns. Der dortige Kontrakt ist bisher noch nicht Teil eines Index-Korbes, und folglich liegt das Han-

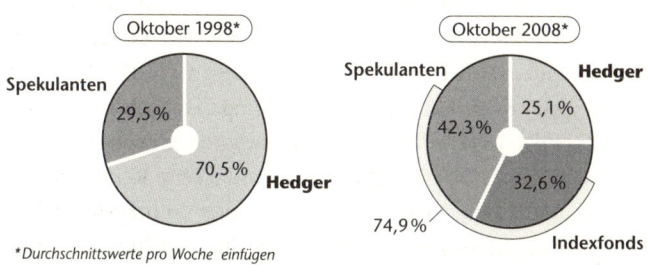

*Durchschnittswerte pro Woche einfügen

Abb. 7: Hedging und Spekulation. Anteile vor und nach der Deregulierung, Weizen an der Chicago Board of Trade (CBOT).
Quelle: CFTC, Better Markets

delsvolumen für Weizen bei lediglich dem Doppelten der europäischen Ernte. Trotzdem mangelt es nach Auskunft deutscher Getreidehändler nicht an Liquidität. Zudem versichern auch erfahrene amerikanische Händler, dass der Markt auch vor der Deregulierung und der Umleitung großer Mengen anlagesuchenden Kapitals auf die Rohstoffbörsen keineswegs an mangelnder Liquidität litt.

Doch selbst wenn es Bedarf an zusätzlicher Liquidität gäbe, so können gerade die Indexfonds und ihre Investoren, die vorwiegend für den hohen Zuwachs an spekulativen Positionen verantwortlich sind, diese gar nicht bereitstellen. Denn anders als die traditionellen Spekulanten setzen die Index-Investoren stets nur auf eine langfristige Preissteigerung. Darum treten sie an den Terminbörsen ausschließlich als Käufer auf, gehen also nur Long-Positionen ein. Diese werden vor dem Ende ihrer Laufzeit nur finanziell glattgestellt, während der Fonds im gleichen Umfang neue Long-Positionen für einen weiter in der Zukunft liegenden Future zeichnet, seine Position also »rolliert«, wie es im Marktjargon heißt. Insofern sind die Index-Investoren stets nur auf einer Seite des Marktes präsent. Damit aber entziehen sie ihm faktisch die Liquidität. Zu diesem Schluss kommen auch die Autoren einer im Mai 2011 veröffentlichten Studie, die unter Leitung des Bremer Ökonomen Hans H. Bass den Einfluss der Finanzmarktakteure auf die Getreidepreise untersuchten. »Wenn vorwiegend in Long Positions rolliert wird, erfährt der Markt permanent neue Nachfrage (die physisch natürlich nie befriedigt werden soll, da niemals Ware gegen Geld geliefert wird). Durch diese Anlagestrategie wird dem Markt eher Liquidität entzogen, als dass sie dem Markt Liquidität zur Verfügung stellt«, schlussfolgerte Bass.[56]

So machen die Fonds-Investitionen aber den größten Teil der ausstehenden Kauf-(Long) Positionen auf den Future-Märkten für Rohstoffe aus. Allein die rund 30 von der CFTC erfassten

Index-Händler halten bei den in Chicago gehandelten Weizen-kontrakten zwischen 35 und 50 Prozent aller Long-Positio-nen. Damit sind sie die mit Abstand größten Weizenkäufer der Welt und dominieren den gesamten Markt. Welchen Umfang dies hat, verdeutlichte der amerikanische Finanzmarktexperte Michael Masters bei einer Anhörung vor dem US-Senat bereits im Mai 2008. Demnach reichte die von den Index-Fonds zum damaligen Zeitpunkt gezeichnete Einkaufsmenge auf dem Wei-zenmarkt aus, »um jeden amerikanischen Bürger für die nächs-ten zwei Jahre vollständig mit Brot, Nudeln und Backwaren zu versorgen«. Nicht minder groß sind die Positionen der Fonds-Spekulanten bei den Mais-Futures. Vielfach, so rekapitulierte Masters, werde der hohe Preis für Mais auf die massiv gestie-gene Nachfrage für die Ethanol-Produktion zur Beimischung bei Benzin zurückgeführt. Gleichzeitig reiche aber die von den Indexfonds-Managern am Future-Markt gekaufte Menge aus, um theoretisch den Gesamtbedarf der Ethanol-Industrie eines ganzen Jahres zu decken.[57]

Das bedeutet: Die Future-Käufer, die nur zum Zweck der Spekulation die Kontrakte zeichnen, treten in direkte Konkur-renz zu den Verarbeitern, die – zur Preissicherung – ebenfalls Long-Positionen zeichnen müssen. Masters, als Inhaber und Manager eines erfolgreichen Hedgefonds gewiss kein Feind der Finanzindustrie, hält daher die Vorstellung, die Käufe der Fonds hätten keinerlei Einfluss auf die Preise, für völlig abwe-gig. »Wenn Milliarden von Dollar auf vergleichsweise kleinen Märkten wie dem für Agrarrohstoffe eingesetzt werden, treibt dies unvermeidlich die Preise – und wenn dies bei Nahrungs-mitteln und Energie geschieht, ist es nicht dasselbe wie bei Im-mobilien und Aktien. Wenn die Nahrungspreise sich verdop-peln, dann hungern die Menschen.«[58]

Dies ist auch die Einschätzung des legendären Hedgefonds-Managers George Soros, dem Veteranen unter den Spekulanten, der über jahrzehntelange Erfahrungen auf den Finanzmärkten verfügt. Die Index-Käufer, so erklärte Soros bei einer weiteren Anhörung vor dem amerikanischen Senat, »häufen sich auf einer Seite des Marktes an, und sie haben genügend Gewicht, ihn aus dem Gleichgewicht zu bringen«.[59] Zu dem gleichen Schluss kommt Bart Chilton, einer der fünf »commissoners« aus der Leitung der CFTC. Er meine nicht, dass die Index-Anleger »die Preise kontrollieren«, sagte Chilton bei einer Debatte mit dem Lobbyverband »Futures Industry Association«. Aber er sei überzeugt, so Chilton, »dass sie unentwegt auf das Gaspedal treten«.[60]

Indem sie über lange Phasen nur als Käufer auftreten, »treiben sie das Preisniveau für Rohstoffe strukturell nach oben«, urteilt auch der Marktexperte David Frenk, der früher selbst für einen Hedgefonds mit Öl-Futures gehandelt hat und heute für die amerikanische Organisation Better Markets arbeitet, die sich für die Regulierung der Future-Märkte einsetzt.[61]

Dabei folgt der Einfluss der Finanzinvestoren häufig der Dynamik einer sich selbst erfüllenden und verstärkenden Prognose. Denn je mehr Anlagegeld in die Fonds fließt, umso mehr treibt dies die Preise, und dies wiederum zieht noch mehr Anleger an. So ging die bis Sommer 2008 anhaltende Phase des schnellen Preisanstiegs für Rohstoffe aller Art einher mit einem starken Mittelzufluss für die Indexfonds (siehe Abb. 8). Das wiederum nehmen aber auch viele weitere Investoren, etwa bei Hedgefonds und im Eigenhandel von Banken zum Anlass, ihrerseits auf den Zug zu springen. Vielfach geschieht dies sogar ohne aktives Zutun der Händler, weil diese Fonds mit automatisierten Handelsprogrammen operieren, die auf Preissignale reagieren und so den Trend noch verstärken.

Wie auf diesem Weg der Herdentrieb der Anleger die Preisentwicklung verstärkt, untersuchte der österreichische Ökonom Stephan Schulmeister. Dafür wandte er mehr als tausend

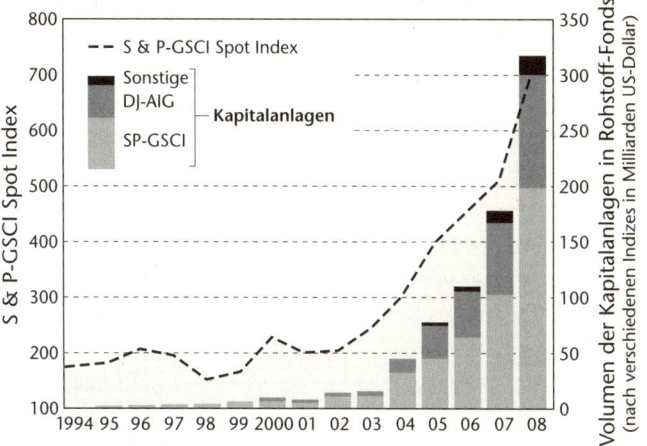

Abb. 8: Anlagen in Indexfonds und Rohstoffpreise gemessen am Goldman Sachs Rohstoff-Index, 1954–2008.
Quelle: Better Markets.

solche Programme in Modellrechnungen auf die Future-Märkte an. Seine Ergebnisse belegen, dass »insbesondere die weitverbreitete Anwendung technischer Handelsprogramme die Trendentwicklung der Preise für Rohstoffe verstärkt«. Der »Beitrag dieser Handelspraktiken zum Überschießen der Preise«, so schreibt der ausgewiesene Kenner des Finanzsystems, »war besonders ausgeprägt während des zurückliegenden Rohstoff-Booms« (in den Jahren 2007 und 2008).[62]

So ist es gewiss nicht allein dem Engagement der Index-Investoren geschuldet, dass die Preise phasenweise schnell steigen und – bei Ausstieg vieler Investoren aus den Fonds – auch wieder fallen. Aber »die Indexfonds sind der Walfisch im Markt«[63], erklärt Marktexperte Frenk. Weil ihre großen Positionen den Markt dominieren, verursache die wachsende Zahl von anderen, aktiv gemanagten Fonds umso größere Preisbewegungen. Darum hat im Zuge der Deregulierung und des massen-

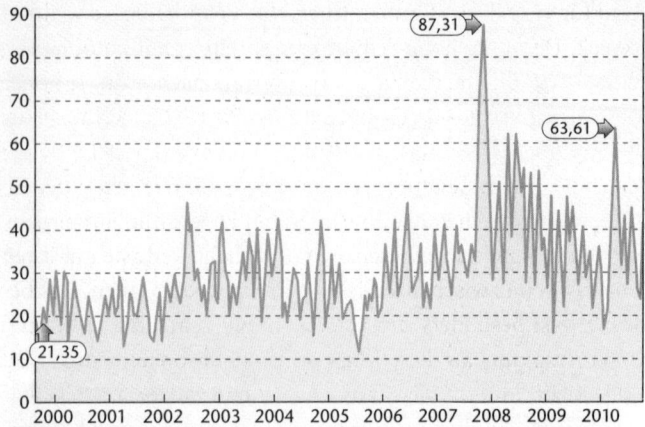

Abb. 9: Weizenpreise im Finanzmarktfieber. Schwankungsbreite des Preises für den Front-Month-Future auf Weizen der CBOT, in Prozent (realisierte historische 20-Tage-Volatilität).
Quelle: Better Markets.

haften Einstiegs von spekulativen Anlegern auch die Schwankungsbreite, die sogenannte Volatilität der Future-Preise, drastisch zugenommen – und zwar sowohl die Häufigkeit der Ausschläge als auch deren Maß. So schwankten die Preise für Weizen-Futures in Chicago noch bis 2004 in der Regel nur um 20 bis 30 Prozent übers Jahr. Seit dem Einstieg der Fonds sind Ausschläge von bis zu 70 Prozent gang und gäbe (siehe Abb. 9).

Gleich ob bei Öl, Erdgas oder Baumwolle, Mais, Weizen oder Kaffee: Für alle Rohstoffklassen müssen Produzenten und Verarbeiter daher seit der Deregulierung mit weit größeren Preisausschlägen rechnen, und das nicht nur an den US-Börsen. Auch auf der vergleichsweise kleinen Getreidebörse Matif in Paris, so berichtete die EU-Kommission, hat die Volatilität seit 2006 erheblich zugenommen.[64]

Damit erzeugen die Future-Börsen aber genau die Unsicherheit, für deren Entschärfung sie ursprünglich gedacht waren.

Und für viele ihrer kommerziellen Nutzer verlieren sie so ihren Zweck. Denn die hohe Schwankungsbreite treibt automatisch die Kosten für eine mögliche Absicherung nach oben. Je höher die Schwankungen, desto mehr müssen die Nutzer auch für die Margins, die Sicherheitsleistungen bezahlen, welche sie bei Zeichnung eines Future bei der Börse hinterlegen müssen. Gleichzeitig machen die Einkäufer von Lebensmittelunternehmen oder Luftfahrtgesellschaften erhebliche Verluste mit ihren Future, wenn zwischenzeitlich die Preise wieder fallen. Das bekamen sie besonders drastisch während der Jahre 2007 und 2008 zu spüren, als der Ölpreis binnen 24 Monaten von 60 auf 140 Dollar pro Fass stieg und anschließend wieder auf 40 Dollar pro Fass fiel. In dieser Zeit habe Delta Airlines, Amerikas führender Luftfahrtkonzern beim Hedging 1,7 Milliarden Dollar Verlust gemacht, berichtete der Chefjurist der Firma der Aufsichtsbehörde.[65] Der Konkurrent Southwest Airlines meldete, das Unternehmen habe mit Future-Verträgen im Oktober 2008 binnen 15 Tagen ebenfalls zwei Milliarden Dollar verloren.[66] Die Fluggesellschaft US Airways gab sogar an, sie habe das Hedgen vollkommen aufgegeben, weil die Margin-Zahlungen zu viel ihrer liquiden Mittel beanspruchen würden.

Die gleiche Klage führen auch Heizölhändler, Lebensmittelunternehmen oder Baumwollverarbeiter. Da berichtet etwa Sean Cota, ein Heizöllieferant aus dem US-Bundesstaat Vermont, er habe früher, vor Anlaufen der Spekulationswelle, nur um die 6 Cent pro Gallone Heizöl für die Preissicherung zahlen müssen. Heute seien es 37 Cent, und diese müsse er auf den Preis aufschlagen und so bei den Kunden die Heizkosten in die Höhe treiben. Auch Howard Schultz, Chef der Kaffeehauskette Starbucks beklagt »financial engineering« an den Rohstoffmärkten und begründete damit Preiserhöhungen.[67] Das Problem trifft genauso die Verkäufer, die sich über die Future-Börsen absichern wollen. Denn auch sie müssen höhere Margins leisten. Für einen Kontrakt über 50 000 Pfund Baumwolle zum Beispiel forderte die führende Baumwollbörse Intercontinental Exchange noch bis 2010 nur eine Sicherheitszahlung von 1500 bis 2100 Dollar. In 2011 stieg dieser Betrag aber auf bis zu 8400 Dollar. Wallace Darneille, Chef der Plains Cotton Association, einem der größten amerikanischen Baumwollproduzenten, berichtete, sein Unternehmen habe daher das Hedging stark zurückgefahren. »Der Markt [für Futures] ist kaputt, er erfüllt seinen Zweck nicht mehr«, erklärte Darneille.[68] So führen die immer größeren Preisausschläge an den Future-Märkten die Behauptung ad absurdum, die Spekulation nutze vor allem Produzenten und Verarbeitern bei ihrer Preissicherung. Tatsächlich ist diese teurer geworden, und die Unsicherheit ist gestiegen.

Das allerdings entspricht durchaus dem Interesse der beteiligten Finanzinstitute. Denn je stärker die Preise schwanken, desto mehr sehen sich andere Unternehmen, die früher das Hedging nicht für nötig hielten, heute gezwungen, bei den Banken eine Absicherung zu kaufen, um ihr Geschäft noch ordentlich planen zu können. Das sichert den beteiligten Finanzkonzernen einen stetig wachsenden Zufluss an Gebühreneinnahmen. Dieses Geschäftsmodell auf Grundlage der wissentlich über die angeheizte Spekulation herbeigeführten Unsicherheit haben die Marketing-Experten der Deutschen Bank in unfreiwilliger Ehrlichkeit einmal sogar selbst dokumentiert. In einer Werbe-Broschüre für Industriekunden schrieben sie unter der Überschrift »Rohstoffpreise gestalten«: »Preise von rund 50 Rohstoffen lassen sich inzwischen bei der Deutschen Bank besichern. Und es werden ständig mehr: Praktisch jeder an einer Terminbörse gehandelte Rohstoff kann abgesichert werden. Diese Börsenfähigkeit ist Voraussetzung für ein Hedging, macht aber auch die Preise anfälliger für spekulative Schwankungen – und erhöht damit wiederum die Notwendigkeit zur Sicherung.«[69]

3.2 Future-Märkte sind (k)ein Nullsummenspiel –
Die Lagerthese von Paul Krugman

Ungeachtet solcher sichtbaren Fehlentwicklungen erheben die Verteidiger des unbegrenzten Geschäfts an den Terminbörsen einen scheinbar gewichtigen Einwand: Ganz gleich, wie viel Geld in Futures investiert werde und dort möglicherweise die Preise bewege, für die Preise auf dem Spotmarkt, also dort, wo die physische Ware gehandelt wird, habe dies gar keine Bedeutung. Denn dieser Preis richte sich ausschließlich nach den verfügbaren Mengen und der entsprechenden Nachfrage. Und allein dieser Preis sei es, den letztlich die Verbraucher und auch die auf Nahrungs- und Ölimporte angewiesenen Entwicklungsländer zahlen müssen. Der führende Verfechter dieses Arguments ist der Ökonom Paul Krugman, Träger des Nobelpreises für Ökonomie und zudem ein ausgewiesen kritischer Geist. Doch die Kritik an der wachsenden Spekulation, schrieb Krugmann in seinem Blog für die *New York Times*, sei »spekulativer Blödsinn«. Denn schließlich seien die Futures lediglich Wetten auf künftige Preise und unter dem Strich ein Nullsummenspiel. Für jeden Käufer einer Long-Position gebe es schließlich auch einen Verkäufer, der die Short-Position einnehme. Gleich wie viele Futures gehandelt würden, erzeuge dies keine zusätzliche Nachfrage nach Rohstoffen. Folglich habe es »no, zero, nada effect« auf den Spotpreis. Das könne allenfalls dann geschehen, wenn hohe Future-Preise dazu führen würden, dass die Produzenten ihre Ware zurückhielten und beginnen würden, Öl oder Getreide vermehrt in ihren Silos und

Der **Spotmarkt** ist der Markt, an dem der Preis für eine Ware zur sofortigen Lieferung ausgehandelt wird – im Gegensatz zum Termin- oder Future-Markt, wo es um den Preis für Lieferungen in der Zukunft geht.

Tanks einzulagern, um damit später einen höheren Preis zu erzielen. Genau dafür, also für steigende Lagerbestände, gebe es aber keinerlei Beleg.[70] Die gleiche Ansicht vertritt auch Steffen Roth, Geschäftsführer des Instituts für Wirtschaftspolitik an der Universität Köln, einer der führenden wirtschaftswissenschaftlichen Fakultäten in Deutschland. Die Spekulation für steigende Preise verantwortlich zu machen, sei »purer Blödsinn«, meint Roth. »Die Menge der physischen Agrarrohstoffe« verändere »sich durch die Aktivität der Finanzakteure nicht.« Denn ein Terminkontrakt bestimme »nur, wer im Sommer Eigentümer der Ernte ist, nicht, wie groß die Ernte ausfällt«. Darum seien »die Finanzmarktakteure nicht die Verursacher von Marktungleichgewichten, sondern nur die frühzeitigen Boten«.[71]

Das klingt zunächst einleuchtend. Schließlich gibt es kein Gramm Korn und kein Fass Öl weniger auf der Welt, wenn Anleger an den Terminbörsen Wetten abschließen. Und doch hat die von Krugman und seinen akademischen Mitstreitern formulierte These ein entscheidendes Manko: Sie entspringt der Lehrbuchlogik der Wirtschaftswissenschaft, aber mit der Wirklichkeit auf den Agrar- und anderen Rohstoffmärkten hat sie wenig zu tun. Denn sie setzt voraus, dass sich der Preis auf dem Spotmarkt völlig unabhängig davon bildet, was an den Future-Börsen geschieht. Genau das ist aber nicht der Fall. Vielmehr sind die Notierungen auf den Terminbörsen ganz entscheidend für den Preis auf den Spotmärkten.

Für Getreide kann das jeder moderne Landwirt sofort bestätigen. Heinrich Heitmüller zum Beispiel führt einen Betrieb auf Rügen und produziert auf rund 400 Hektar Weizen und Raps. Die Frage, mit welchen Preisen er kalkuliert und wie er diese mit seinem Getreidehändler aushandelt, quittiert er mit einem Lachen. Dann zieht er sein Handy aus der Tasche, tippt auf das Display und zeigt das Ergebnis: »Hier, das sind die aktuellen

Preise der Matif in Paris, das sind auch meine Preise.« Gemeint sind die Notierungen der Getreidebörse in Paris, deren Kurse wiederum in der Regel parallel zu jenen in Chicago verlaufen, vor allem bei Weizen, der zu erheblichen Teilen international gehandelt wird. Dazu kommen jeweils Zu- oder Abschläge für Transportkosten oder Abweichungen in der Qualität. Aber ansonsten, versichert Heitmüller, ist der Börsenpreis auch der Spotpreis. Das bestätigt auch Detlev Kock, Vorstand bei der Firma HG Nord, die zu den größten Getreidehandelsunternehmen in Deutschland zählt. Und keiner seiner Kollegen, gleich ob aus Amerika, Australien oder Europa, würde dem widersprechen.

Ein wesentlicher Grund dafür ist, dass es für die physisch gehandelte Ware in den großen Produktionsländern nur regionale Börsen mit unregelmäßigen Preisnotierungen gibt und einzig die Terminbörse Käufern wie Verkäufern Informationen über die Marktlage insgesamt bietet. Darum sei es für ihn »ein Glück, dass es die gibt«, sagt Heitmüller, denn so könne er jederzeit prüfen, ob der Preis stimme, den ihm sein Händler bietet. Darum ist der Preis für den jeweils nächstfälligen Future fast immer auch der, den die verarbeitende Industrie oder die Einkäufer aus den importabhängigen Ländern bezahlen. In aller Regel ist dies sogar in den langfristigen Lieferverträgen zwischen den Großhändlern und der Industrie ausdrücklich festgeschrieben.[72] Darum auch beziehen sich Informationsdienste wie Reuters oder Bloomberg stets auf die Kurse für den jeweiligen »Front Month Future«, wenn sie über den jeweils aktuellen Preis für Rohöl, Getreide oder Industriemetalle berichten.

Wenn die Preise für diese Terminkontrakte aber vor allem von den Aktionen spekulativer Anleger bestimmt werden, hat dies also sehr wohl unmittelbare Auswirkungen auf den physischen Markt. Denn kein Produzent verkauft größere Mengen billiger, als es an den Terminbörsen möglich wäre. Zu diesem

Schluss kam auch eine umfassende Untersuchung des International Food Policy Research Institute in Washington, einer Einrichtung, die von 64 Regierungen und privaten Stiftungen getragen wird. Demnach, so resümierten die Autoren, »werden die Preise für die Spotmärkte generell über die Future-Märkte gefunden. Veränderungen bei den Future-Preisen führen weit häufiger zu Veränderungen bei den Spotpreisen als umgekehrt.«[73]

So können die Preise also auch dann steigen oder fallen, wenn sich an den physisch verfügbaren Mengen gar nichts ändert. Dies gilt insbesondere dann, wenn die Mehrzahl der Anleger auf den Terminmärkten sich eben nicht an den Nachrichten über die Ernten oder Verbrauchsmengen orientieren, sondern kontinuierlich in einen alle Rohstoffklassen enthaltenden Korb von Futures der jeweiligen Rohstoffindizes investieren, also über einen längeren Zeitraum ausschließlich als Käufer und nicht als Verkäufer auftreten. Auch wenn sie nicht wie die klassischen Spekulanten mittels Horten von Rohstoffen das verfügbare Angebot an physischer Ware absichtlich verknappen, haben ihre Investitionen über die Börsenpreise eine ähnliche Wirkung. Denn de facto betreiben sie eine Art »virtueller Hortung«, wie es Olivier de Schutter beschreibt, der Sonderbeauftragte der Vereinten Nationen für das Recht auf Nahrung, der eigens eine Untersuchung zum Thema veröffentlichte.[74] Genauso beurteilt dies auch George Soros. Es seien die Erwartungen der Spekulanten, »ihr Wettspiel mit Futures«, das die Preise treibe und so den Markt verzerre. Dies treffe besonders den Handel mit Agrarrohstoffen. Was dort geschehe, so Soros, sei »wie das Horten von Nahrung inmitten einer Hungersnot«.[75] Ganz ähnlich beschreiben es auch die Ökonomen der UNCTAD, der Organisation für Handel und Entwicklung der Vereinten Nationen: »Die Preise [für Rohstoffe] können durch die einfache Tatsache nach oben getrieben werden, dass jedermann höhere Preise erwartet, was wiederum durch die steigenden Future-Notierungen befördert wird, die von der zunehmenden Nachfrage nach Futures durch Finanzspekulanten verursacht wird«, schrieben sie in einer Grundlagenstudie über die Konstruktionsfehler der modernen Finanzmärkte.[76] Diese Mechanik wirke vor allem für solche Rohstoffe, bei denen Konsumenten und Produzenten gar nicht die Wahl haben, kurzfristig ihren Verbrauch wegen zu hoher Preise zu senken, also bei Getreide und in erheblichem Maß auch bei Heizöl und Benzin. Denn essen müssen die Menschen immer, und meist haben sie auch bei Heizung, Stromgewinnung und Transport allenfalls auf lange Frist die Möglichkeit, beim Verbrauch zu sparen. Darum sei die von Ökonomen so bezeichnete »Preiselastizität« des Verbrauchs äußerst gering. So müssten die Verbraucher »die höheren Preise zumindest für einige Zeit akzeptieren« und »die Lagerbestände steigen nicht an, obwohl die Preise höher sind, als sie es ohne Spekulation wären«, schlussfolgern die Autoren der UNCTAD-Studie.

Hinzu kommt ein weiterer wichtiger Umstand: Entgegen der Behauptung von Krugman und seinen akademischen Anhängern ist es zumindest im Fall von Getreide keineswegs eindeutig belegt, ob Produzenten und Handelsunternehmen in den Phasen, in denen die Future-Preise über mehrere hintereinander folgende Fälligkeitstermine ansteigen, nicht doch ihre physische Ware zurückhalten und einlagern, weil sie erwarten können, in der Zukunft noch mehr dafür zu erlösen. Zwar veröffentlichen das US-Landwirtschaftsministerium und die FAO regelmäßig Daten über die »stocks«, die Lagerbestände an Getreide. Doch diese Daten beruhen lediglich auf Umfragen und den Angaben, die Regierungen an diese beiden Institutionen übermitteln. Die Vorräte, die von den vielen privaten Akteuren, vom Landwirt bis zu den Handelsunternehmen und den industriellen Verarbeitern gehalten werden, sind darin entweder gar nicht oder höchst ungenau enthalten. So unterhalten die fünf Konzerne, die rund drei Viertel des gesamten internationalen Getreidehandels abwickeln, die Unternehmen Cargill, ADM, Bunge, Dreyfus und Glencore, ein weltweites Netz von Lagerbetrieben. Aber über ihre Bestände machen sie grundsätzlich keine Angaben, schließlich handelt es sich um eines ihrer zentralen Geschäftsgeheimnisse. Dazu kommen die vielen tausend Getreidesilos, die von den Bauern und ihren Kooperativen selbst betrieben werden. Niemand weiß, in welchem Umfang ihre Besitzer – angestiftet von hohen Future-Preisen – diese nutzen, um auch mit der physischen Ware selbst zu spekulieren. Amerikas Großfarmer jedenfalls haben eigens zu diesem Zweck ihre Lagermöglichkeiten erheblich aufgestockt. Der Bau von Getreidesilos erfahre schon seit mehreren Jahren »einen unglaublichen Boom«, berichtete der amerikanische Agronom Michael Swanson der *Financial Times* im April 2011. »Die Farmer haben in den letzten vier Jahren mehr Lagerkapazität in ihren Betrieben geschaffen als in den 30 vorangegangenen Jahren zusammen.«[77] Das deckt sich mit den Erkenntnissen einer Untersuchung des US-Senats. Dort »erklärten viele Händler und Analysten, dass die höheren Future-Preise es für Getreidehändler profitabel macht, Getreide auf dem Markt zu kaufen, einzulagern, dafür relativ hochpreisige Futures zu verkaufen und diese später mit der physischen Auslieferung der Ware zu bedienen«.[78] Das Einlagern in Erwartung höherer Preise, die der Future-Markt signalisiert, sei auch in Europa ein gängiges Phänomen, bestätigt Detlev Kock vom deutschen Getreidehandelsunternehmen HG Nord. So komme es häufig vor, dass viele Landwirte zunächst nur einen Teil der Ernte verkaufen und den Rest auf Lager legen. Vor diesem Hintergrund ist es nicht überraschend, dass die Schätzungen über den Lagerbestand je nach Quelle erheblich voneinander abweichen. Darum kalkulierte zum Beispiel das private Agrarconsulting-Unternehmen Stratégie Grains den Bestand an weltweiten Weizenvorräten im Frühsommer 2011 um 16 Millionen Tonnen höher als das US-Landwirtschaftsministerium – eine Differenz, die immerhin rund 10 Prozent des gesamten international gehandelten Volumens an Getreide ausmacht.[79]

Wie unsicher die veröffentlichten Schätzungen über die Getreidebestände sind, offenbarte sich im Juni 2011 auch am Beispiel der Vorräte in Russland. Dort war in Folge der verheerenden Dürre im vorangegangenen Sommer ein großer Teil der Weizenernte auf den Feldern verdorrt. Um die eigenen Bürger vor zu hohen Brotpreisen zu schützen, verhängte Ministerpräsident Vladimir Putin darum ein Exportverbot für russisches Getreide. Während dies eine Preisexplosion auf dem Weltmarkt auslöste, stürzten innerhalb Russland die Preise für Brotweizen um 50 Prozent ab. Daraufhin beschlossen zahlreiche große Agrarbetriebe des Landes, ihre von der Dürre geschädigten, aber keineswegs ausgefallenen Ernten kurzerhand einzulagern und auf das absehbare Ende des Exportverbotes und die Rückkehr der Weltmarktpreise zu warten. Prompt stellte sich im folgenden Juni heraus, dass in Russland zusätzliche 18 bis 20 Millionen Tonnen Weizen und Roggen lagern, die bis dahin in keiner Statistik aufgetaucht waren.[80]

So ist die Behauptung, die Spekulation mit Futures sei für die Preise im Handel mit der physischen Ware nicht relevant, aus mehreren Gründen nicht haltbar:

– Der überwiegende Teil der spekulativen Kapitalanlage in Rohstoffen erfolgt über Indexfonds, die ausschließlich als Käufer auftreten und deshalb die Future-Preise strukturell nach oben treiben.

– Einzig die Terminbörse bietet Käufern und Verkäufern Informationen über die Marktlage insgesamt. Darum orientieren sich die Handelspartner auf den Spot-Märkten an den Bewertungen der Future-Börsen.

– Es wäre betriebswirtschaftlich unsinnig, eine Ware auf dem physischen Markt signifikant billiger anzubieten, als dafür auf dem Future-Markt gezahlt wird. Gleichermaßen kauft niemand auf dem Spotmarkt zu Preisen, die auf dem Future-Markt bereits unterboten werden.

– Außerdem können hohe Future-Preise auch die Spekulation mit eingelagerten Rohstoffen antreiben und so das Angebot verknappen und den Preis weiter in die Höhe treiben, ohne dass diese Lagerhaltung verlässlich messbar ist.

Der Einwand der Lehrbuchökonomen, eine solche Hortung per Lagerhaltung gebe es nicht, widerspricht auch der Logik des Geschäfts, wie Olivier de Schutter, der Sonderberichterstatter der Vereinten Nationen für das Recht auf Nahrung, anmerkt. »Bei steigenden Preisen [für Futures], die von Investoren verursacht werden, deren Handelsstrategien nicht mit den Fundamentaldaten gekoppelt sind, sondern nur auf die Verstärkung des Trends setzen, macht es einfach Sinn, für die physischen Händler ihre Ware erst einmal zu horten«, sagt Schutter, »alles andere wäre dumm.« Wer also behaupte, die Händler würden »gegen ihre eigenen Geschäftsinteressen handeln, der sollte das beweisen und nicht umgekehrt Beweise für steigende Lagerhaltung fordern«.[81]

3.3 Äpfel und Birnen – Wie der Einfluss der Spekulation auf die Preise gemessen werden kann – und wie nicht

Wohl wissend um die tatsächlichen Zusammenhänge zwischen den Terminmarktpreisen und dem Spothandel greifen die Verfechter des Wettspiels an den Terminbörsen daher zumeist auf ein anderes Argument zurück: Nur weil die steigenden Rohstoffpreise und deren zunehmende Volatilität einhergehen mit der Ausweitung der spekulativen Anlagen in Rohstoffderivaten, sei dies noch kein Beleg dafür, dass die Spekulation auch die hohen Preise verursache, sagt zum Beispiel Steve Strongin, leitender Manager für Investmentstrategie bei Goldman Sachs in New York. So gebe es »keinen glaubwürdigen Beweis für einen Zusammenhang der Investitionen in Rohstoff-Indizes und dem starken Anstieg der Weizenpreise« im Jahr 2008. Dieser sei vielmehr dem dramatischen Mangel an Vorräten geschuldet gewesen. Das Gleiche gelte für den Rohölpreis.[82] Genauso argumentieren die Experten der Binnenmarkt-Direktion der EU-Kommission. Zwar gebe es eine »starke Korrelation zwischen den Positionen auf den Derivate-Märkten und den Preisen auf dem Spotmarkt« für die physischen Waren, schrieben sie Anfang 2011 in einem Bericht zur anstehenden Reform des Wertpapiermarktes. Aber dabei gebe es »keinen schlüssigen Beweis über die Kausalität zwischen der Spekulation mit Rohstoffderivaten auf der einen und der exzessiven Volatilität sowie der Preissteigerung auf den zugrundeliegenden physischen Märkten auf der anderen Seite«.[83] Genauso begründen auch die Manager bei vielen Pensionskassen, dass sie mehrere hundert Milliarden Dollar, Pfund oder Euro in Rohstoffwetten investiert haben.[84] Und genau diese These prägt seit Jahren auch die Berichterstattung in den führenden Wirtschaftsmedien. Gleich ob in der *Financial Times*, im *Wall Street Journal*, im *Economist* oder auch in der deutschen *Frankfurter Allgemeinen Zeitung*: Fast immer findet der Leser in den Berichten zur Rohstoffspekulation den Hinweis, es gebe »praktisch keinen Beweis« für deren mögliche Auswirkung auf die Preise.

Basis für diese Argumentation ist ein Standardproblem der statistischen Analyse. Wenn sich zwei Größen über die Zeit parallel entwickeln, sagt dies noch nichts darüber aus, ob sie einander bedingen, auf eine gemeinsame Ursache zurückzuführen sind oder ob die Werte gar nur zufällig korrelieren. Zum Beleg dafür, dass ein solcher ursächlicher Zusammenhang nicht besteht, verweisen Strongin und viele seiner Kollegen auf eine Studie der beiden amerikanischen Ökonomen Scott Irwin und Dwight Sanders, die sie im Auftrag der OECD erstellten.[85] Um die Frage zu klären, ob insbesondere die Index-Investoren, die den größten Teil der spekulativen Anlagen auf den Terminmärkten halten, die Preise beeinflussen, nutzten sie eine Methode, die der Ökonom und Nobelpreisträger Clive William Granger erfand und die heute als Standardwerkzeug in der Wirtschaftswissenschaft gilt: den Granger-Kausalitätstest. Die Idee dahinter ist einfach. Man nehme die Werte der beiden Größen und vergleiche sie nicht auf Tagesbasis, sondern um einen gewissen Zeitraum versetzt, je nach Gegenstand um Tage, Wochen oder Monate. Wenn sich dabei ergibt, dass die Veränderung der einen Größe eine »Voraussage« zulässt, dass sich die andere – zu dem späteren Zeitpunkt – mit ihr bewegen wird, während dies umgekehrt nicht der Fall ist, dann erscheint es zumindest sehr wahrscheinlich, dass es einen kausalen Zusammenhang gibt.

Auf diese Art verglichen Irwin und Sanders die wöchentlich veröffentlichten Daten der CFTC über die Positionen der Index-Investoren auf den zwölf erfassten Märkten für Agrar-Futures von Weizen bis zu Schweinehälften über den Zeitraum 2006 bis 2009 mit den Preisveränderungen für den nächstfälligen

Future-Kontrakt auf diesen Märkten. Das Ergebnis fiel durchweg negativ aus, und so schlussfolgerten die Autoren: »Index-Investoren haben keine Blase bei den Preisen für Rohstoff-Futures verursacht.«[86]

Doch die vielzitierte Studie genügt nach Einschätzung einer ganzen Reihe anderer Experten in mehrfacher Hinsicht nicht den wissenschaftlichen Standards. Der Ökonom David Frenk, der früher selbst am Future-Markt gehandelt hat und heute als anerkannter Analyst für die Rohstoffmärkte gilt, urteilte nach Durchsicht der Studie, diese nutze »eine statistische Methode, für die die verwendeten Daten gar nicht geeignet« seien, und ihre Ergebnisse könnten »mit ein paar einfachen Fakten leicht widerlegt werden«.[87] So sei unter Ökonomen seit langem Konsens, dass die Daten einer stark und häufig schwankenden Größe wie dem Preis für die nächstfälligen Future-Kontrakte für den Granger-Test nicht taugen, weil sie zum jeweiligen Stichtag nur einen willkürlichen Schnappschuss festhalten, kritisiert Frenk. Vor allem aber sei es unsinnig, dass Irvin und Sanders den Vergleich der Index-Positionen und der Future-Preise nur mit einer zeitlichen Verschiebung von jeweils sieben Tagen untersuchten. Damit könne die Preiswirkung der Positionen von Anlegern in solche Rohstoff-Fonds gar nicht erfasst werden. Denn die von der CFTC gemeldeten Positionen der Index-Anleger beziehen sich ja keineswegs nur auf den nächstfälligen Future-Kontrakt für den jeweiligen Rohstoff, sondern auf alle gehandelten Futures, also auch solche mit einer Fälligkeit weiter in der Zukunft. Wenn den Indexfonds neue Mittel zufließen und sie diese in Future-Verträge investieren, dann kaufen sie keineswegs nur die nächstfälligen Kontrakte, sondern sie verteilen ihre Anlagen in der Regel über die ganze Terminkurve. Mit anderen Worten: Irvin und Sanders haben Äpfel mit Birnen verglichen und folglich keine tauglichen Ergebnisse erzielt.

Andere Wissenschaftler kommen mit Anwendung des Granger-Tests darum zu ganz anderen Ergebnissen. Kenneth Singleton zum Beispiel erforscht an der Universität Stanford seit mehr als zehn Jahren das Geschehen an den Terminbörsen und untersuchte den Einfluss der Spekulation auf die Future-Preise für Rohöl. Einen solchen Zusammenhang über »kurze Fristen wie wenige Tage zu messen«, schreibt er in seiner Studie vom März 2011, sei »nur von begrenztem Wert. Weitaus relevanter ist der Einfluss über Wochen und Monate.«[88] Darum verglich er die Positionen der Index-Investoren mit den Preisen für Futures über die gesamte Terminkurve und versetzte den Vergleich zeitlich um drei Monate. Die Ergebnisse waren »schlagend«, wie Singleton schreibt. Wann immer es Zuflüsse und Abflüsse bei den Indexfonds gegeben habe, seien innerhalb von drei Monaten die Preise für Öl-Futures gestiegen oder gefallen, und das völlig unabhängig von den jeweilig verfügbaren Daten über Angebot und Nachfrage bei der Ölversorgung. Die Erklärung dafür sieht Singleton im Herdenverhalten aller Marktteilnehmer, das den großen Fonds folge.

Zu einem ähnlichen Ergebnis kommt Christopher Gilbert, Ökonom an der italienischen Universität Trento. Auch Gilbert entwickelte ein komplexes Rechenmodell, um die Investitionsflüsse zeitgerecht zu erfassen, und wendete dabei den Granger-Test an. Auch seine Resultate waren eindeutig: »Indem sie über das ganze Spektrum der Rohstoffe investieren, haben Index-basierte Investoren auch die Preise für Nahrungsrohstoffe inflationiert.« Dies, so Gilbert, sei »der wichtigste Kanal, über den makoökonomische und monetäre Faktoren die Ernährungskrise der Jahre 2007 und 2008 verursacht haben«.[89]

Einen besonders aussagekräftigen Beleg lieferte ein Forscherteam des New England Complex Systems Institute, das im September 2011 eine weitere große Studie zum Thema veröffentlichte. Auch diese vier Wissenschaftler unter Leitung des

Ökonomen Yaneer Ba-Yam erstellten eine Modellrechnung auf Basis der Börsendaten und der verfügbaren Angaben über Produktion, Verbrauch und Lagerhaltung von Getreide weltweit und ermittelten durch Befragung von Händlern und Produzenten die Mechanismen der Preisbildung auf den Spot-Märkten. Erstmals berücksichtigten sie dabei auch die allgemeinen Mechanismen des Kapitalmarktes zur Umschichtung zwischen verschiedenen Anlageklassen. Die darauf aufgebaute Modellrechnung ergab, dass die extreme Preissteigerung für Getreide in den Erntejahren 2007/08 und 2010/11 »spezifisch auf die Spekulation von Investoren zurückzuführen« sei und darum über jeweils fast ein ganzes Jahr die Preise für Grundnahrungsmittel um bis zu 50 Prozent über das Niveau stiegen, das aus dem Verhältnis von Angebot und Nachfrage auf dem physischen Markt zu erwarten gewesen wäre. Dabei kalkulierten die Autoren ausdrücklich auch die gestiegene Nachfrage ein, die durch den Einsatz von Mais für die Biospritherstellung entsteht, die knapp 40 Prozent der US-Ernte verbraucht. Mit ihrem Modell konnten sie so auch nachweisen, dass die Biosprit-Gewinnung zwar einen langfristigen Preisanstieg verursacht, nicht jedoch die extremen Spitzen in 2008 und 2011 (siehe Abb. 10).

Um ihre Ergebnisse abzusichern, stellten die Forscher sich der Überprüfung von gleich vier weiteren Koryphäen ihres Fachs von der Universität Harvard und der Federal Rerserve Bank of Boston.[90]

Die Zuverlässigkeit der Berechnungen der Bostoner Ökonomen belegt aber noch ein weiterer wichtiger Umstand: Ihr Modell ergibt nicht nur auf Basis vergangener Daten die tatsächlichen Preise auf den Agrarmärkten, sondern es spiegelt auch ziemlich genau wider, wie der Herdentrieb der Kapitalanleger im weiteren Zeitverlauf die Preise beeinflusste, ohne dass die Autoren eine ihrer Annahmen oder Parameter anpas-

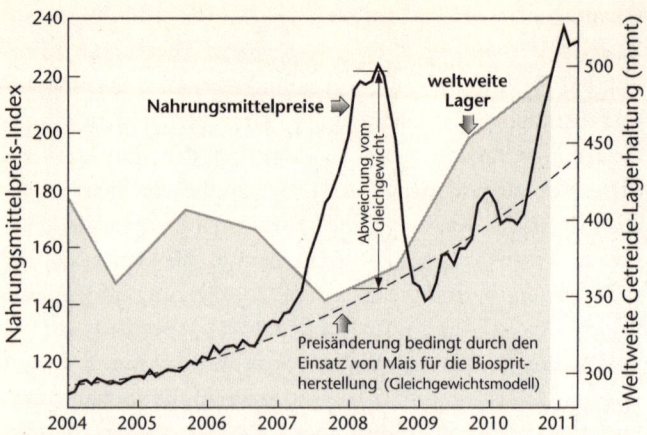

Abb. 10: Abweichung der Agrarpreise vom Gleichgewichtspreis und Steigerung der Lagerhaltung infolge der Spekulation.
Quelle: New England Complex Systems Institute

sen mussten. In einer im Januar 2012 veröffentlichten Aktualisierung warnten sie daher, dass erneut »eine spekulative Blase innerhalb eines Jahres zu erwarten« sei, welche die Preise »noch über die Spitzen der Krisenjahre 2008 und 2011 hinaus« treiben werde. Und genauso kam es auch (siehe Kap. 5, Seite 155).

Dabei sind Singleton, Gilbert und die NECS-Ökonomen zwar die führenden, aber keineswegs die einzigen Forscher auf diesem Gebiet, die der finanzmarktgetriebenen Spekulation eine wichtige Rolle bei den Rohstoffpreisen zuweisen. Die Autoren von mehr als 100 weiteren Untersuchungen kommen zu dem gleichen Schluss (siehe Weiterführende Literatur, Seite 176).

Besonderes Gewicht in diesem Zusammenhang hat ein Gutachten, das die beiden Ökonomen John Baffes und Tassos Haniotis im Juli 2010 veröffentlichten. Baffes ist leitender Analyst für die Rohstoffmärkte bei der Weltbank in Washington,

Haniotis erfüllt die gleiche Funktion bei der Generaldirektion Landwirtschaft der EU-Kommission. Beide bekennen im Gespräch, dass sie selbst lange Jahre glaubten, die Märkte würden einfach nur die Informationen über Angebot und Nachfrage spiegeln. Die Spekulation an den Future-Börsen sahen sie keineswegs als Problem, und die Kritik daran empfanden sie nur als Spinnerei von Verschwörungstheoretikern. Doch im Dezember 2007, so erzählt Baffes, seien ihm bei der Erstellung seiner wöchentlichen Analysen »die ersten Zweifel gekommen«.[91] Im ersten Halbjahr 2008 schließlich, als die Rohstoffpreise und mit ihnen auch die Nahrungspreise trotz der einsetzenden Finanzkrise und der schon laufenden Rezession in den USA weiter in die Höhe schnellten, »da war das einfach nicht mehr mit Produktions- oder Verbrauchsdaten zu erklären«.[92] Darum beschlossen er und Haniotis, alle verfügbaren Forschungsergebnisse zum Thema systematisch auszuwerten. Und entgegen ihrer ursprünglichen Überzeugung kamen sie zu dem Schluss, dass die Hungerkrise im Erntejahr 2007/08 weder mit dem steigenden Verbrauch in China noch mit der wachsenden Erzeugung von Biosprit zu erklären war. Vielmehr, so schrieben sie, »hat die Aktivität der Indexfonds die Schlüsselrolle bei der Ausbildung der Preisspitze im Jahr 2008 gespielt«.[93]

Angesichts der Fülle dieser von anerkannten Wissenschaftlern vorgestellten Belege stellt sich die Frage, welcher weiterer »Beweise« es noch für den Schaden bedarf, den die vermehrte Spekulation auf den Terminmärkten anrichten kann. Offenbar sei es in dieser Debatte so wie einst beim Streit über die Schädlichkeit des Rauchens, spottet EU-Agrarökonom Haniotis: »Es gibt immer mehr Belege, aber die interessierte Industrie leugnet es, solange es geht.«[94]

3.4 Jenseits von Angebot und Nachfrage –
Der Rohölpreis im Strudel der Kapitalmärkte

Wie sehr der Streit über die vermeintlich fehlenden Beweise für die Wirkung der Spekulation in die Irre führt, offenbart nicht zuletzt das Geschehen auf den Märkten selbst. Denn so überzeugend die »Story« vom wachsenden Bedarf und dem fehlenden Angebot auch erscheinen mag, mit der tatsächlichen Preisentwicklung auf den Rohstoffmärkten hat sie allzu häufig wenig zu tun.

Nirgendwo ist dieser Widerspruch so offensichtlich wie bei den Preissprüngen für Rohöl. Solche hat es auch in der Vergangenheit schon gegeben, etwa nach der iranischen Revolution im Jahr 1979, als beinahe über Nacht ein Zehntel der globalen Rohölförderung gefährdet schien, oder 1991, während des ersten Golfkrieges, als die Ölfelder Kuwaits brannten. Doch was geschah im Frühjahr 2008? Keine Revolution und kein Krieg gefährdeten die Ölförderung. Wohl stieg der Ölverbrauch Chinas im Jahresverlauf um 12 Prozent, doch gleichzeitig sank er in den Industrieländern umso stärker. Die Vereinigten Staaten befanden sich seit Dezember 2007 bereits in der Rezession, ebenso große Teile der Europäischen Union. Nach Angaben der »Energy Information Agency« des US-Energieministeriums sank daher der globale Ölverbrauch zwischen Dezember 2007 und September 2008 von 87,5 Millionen auf 85,3 Millionen Fass pro Tag. Währenddessen stieg die weltweite Ölförderung sogar noch leicht an, von 85,3 auf 85,7 Millionen Tonnen pro Tag.[95] Alle Zeichen standen also auf Preisverfall. Doch stattdessen stieg der Ölpreis zwischen Januar und Juni von 95 auf 147 Dollar pro Fass um volle 50 Prozent. Und dafür gab es nur eine plausible Erklärung: Das Geschäft mit Hypothekenpapieren und Immobilien in den USA war auf breiter Front eingebrochen, die Zinsen und Erträge sanken ebenso wie die Aktien-

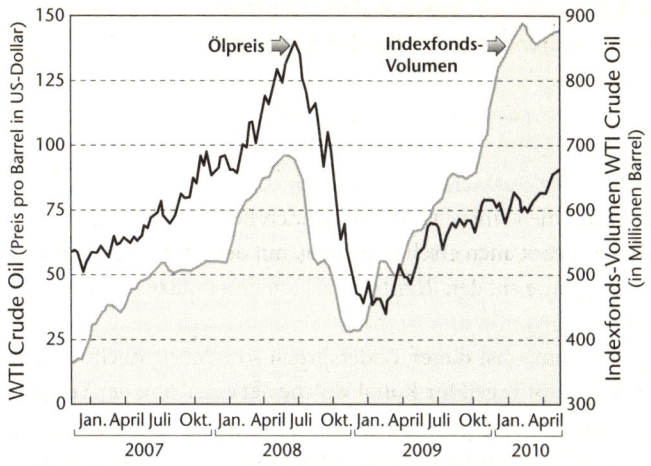

Abb. 11: Fonds-Anleger treiben die Spekulation mit Öl. Volumen der von Indexfonds gezeichneten Rohölmengen mit WIT-Futures und Entwicklung des Ölpreises.
Quelle: Better Markets, David Frenk.

kurse, und die Anleger griffen zu der Alternative, die ihnen die Finanzbranche bot: Wetten auf steigende Rohstoffpreise. Allein in der ersten Woche des April 2008 flossen so nur über die Index-Investoren 10 Milliarden Dollar in die Spekulation mit Öl-Futures (siehe Abb. 11). Erst als der folgende Beinahe-Kollaps des globalen Finanzsystems die Investoren zwang, alle verfügbaren Anlagen aufzulösen, um sich flüssige Mittel zu beschaffen, platzte die Ölblase, und der Rohölpreis stürzte binnen sechs Monaten um 62 Prozent ab. Vor diesem Hintergrund kam selbst die Europäische Zentralbank, die dem Finanzgewerbe eher freundlich verbunden ist, zu dem Schluss, dass »die Aktivitäten auf den Future-Märkten die Ölpreise in der Periode von 2000 bis 2008 um 15 Prozent über das Niveau gedrückt haben, was durch die Fundamental-Daten [über Angebot und Nachfrage] gerechtfertigt gewesen wäre«.[96] Andere Kritiker setzen diesen Wert zwar eher doppelt so hoch an, aber die Tatsache selbst ist damit kaum noch zu bestreiten.

Der von den Anlegern verursachte Ölpreisschock beschleunigte aber nicht nur den weltweiten wirtschaftlichen Einbruch. Zugleich trug er erheblich dazu bei, auch die Hungerkrise in vielen Armutsstaaten zu verschärfen. Denn der Getreideanbau, insbesondere der in den großen Exportregionen in Nord- und Südamerika sowie in Europa und Australien, ist höchst energieintensiv. Die eingesetzten Maschinen verbrauchen viel Dieseltreibstoff, und zugleich verteuert sich bei steigenden Energiepreisen der benötigte Mineraldünger. Für die Stickstoffgewinnung werden große Mengen Erdgas benötigt, dessen Preis in der Regel dem Ölpreis eng folgt. Nach Kalkulation des Weltbank-Ökonomen John Baffes schlagen die Ölpreise über die Produktionskosten daher zu gut einem Viertel (Faktor 0,28) auf die Getreidepreise durch. Das bedeutet, die Rohstoffspekulation würde die Ernährung der Weltbevölkerung selbst dann gefährden, wenn die Getreidemärkte davon nicht betroffen wären. Die Spekulation in beiden Rohstoffklassen gleichzeitig hat darum umso härtere Konsequenzen, weil wegen der steigenden Produktionskosten die Einkommen der Bauern trotz steigender Preise nur wenig zulegen. Das aber senkt den Anreiz, die Produktion auszuweiten. »Das beste Mittel gegen hohe Preise sind hohe Preise«, lautet eine alte Händlerweisheit. Doch wenn die Kosten die Erträge auffressen, wirkt dieser Mechanismus nicht.

Die Ölpreisspitze von 2008 war jedoch keineswegs ein einmaliger Unfall. Das gleiche Phänomen wiederholte sich im ersten Halbjahr 2011. Von Dezember bis April stieg der Preis für Öl der Sorte Brent an der Leitbörse ICE um mehr als 30 Prozent von 90 auf 126 Dollar pro Fass. Zur Begründung führten die Analysten der Finanzbranche vor allem den Ausfall der Ölproduktion in Libyen seit Februar 2011 an. Doch Saudi-Arabien

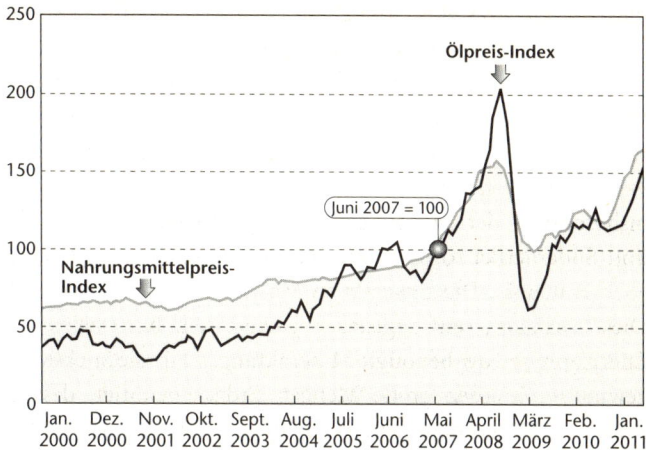

Abb. 12: Preise für Öl und Nahrungsmittel sind eng gekoppelt.
Anfang 2000 bis Anfang 2011, indizierte Werte (Juni 2007 = 100).
Quelle: Oxfam.

und andere OPEC-Länder erhöhten die Produktion und kompensierten den Ausfall. Trotzdem hielt die Ölpreisrallye an den Börsen an. Der Preisauftrieb sei »künstlich«, beklagte daraufhin der saudische Ölminister Ali Naimi. In Wahrheit sei der Markt »überversorgt« und die staatliche Ölfirma Aramco habe Schwierigkeiten, die zusätzlich geförderten Öl-Mengen zu verkaufen.[97] Auch als im März das gewaltige Erdbeben Japan erschütterte und große Teile seiner Wirtschaft lahmlegte, hatte die ausgefallene Nachfrage des zweitgrößten Ölimporteurs der Welt kaum Einfluss auf den Preis. Vielmehr war der Zufluss an spekulativem Geld in die Rohstoffterminmärkte so groß, dass selbst die Energie-Analysten von Goldman Sachs vor einer neuen Ölblase warnten. Allein bei den Kontrakten für die auf dem US-Markt wichtigste Ölsorte WTI (»West Texas Intermediate«) seien die Positionen der Spekulanten auf ein Maß angewachsen, das einem Volumen von 375 Millionen Fass entspreche, schrieben sie in den Informationsdienst für ihre Rohstoffkunden. Mit jeder auf dem Papier gezeichneten zusätzlichen Million Fass steige der Preis aber um acht bis zehn US-Cent.[98] Hochgerechnet auf alle von der US-Behörde CFTC bis Anfang April gemeldeten spekulativen Positionen in Rohöl-Futures war der Ölpreis zu diesem Zeitpunkt also allein durch die Spekulation um bis zu 26 Dollar aufgeblasen. Das entsprach gut einem Fünftel des Preises zu dieser Zeit.

Dass dieser im Frühjahr 2011 nur noch wenig mit Angebot und Nachfrage zu tun hatte, räumte selbst Rex Tillerson ein, der als Chef des weltgrößten Ölkonzerns Exxon gewiss den besten Zugang zu den Daten über die Ölversorgung hat. Im April 2011 erklärte Tillerson der *Financial Times*, derzeit sei der Markt »gut versorgt«. Die Vorräte in Nordamerika stünden auf einem »Rekordhoch« und auch in Europa seien die Lagertanks gut gefüllt. Auch habe sein Unternehmen »keine besonderen Probleme« gehabt, die Unterbrechung der Lieferungen aus Libyen durch andere Lieferanten zu ersetzen. »Da ist also eine Menge Öl auf dem Markt«, bestätigte Tillerson.[99] Zuvor hatte der Exxon-Chef bei einer Anhörung im US-Senat sogar erklärt, ginge es nach den derzeitigen Produktionskosten und der Versorgungslage, müsste Rohöl eigentlich »zwischen 60 und 70 Dollar« pro Fass kosten.[100] Auf die Frage, warum er dann um bis zu 50 Dollar darüber liege, wusste Tillerson keine Antwort. »Ich weiß es wirklich nicht«, beteuerte er und vermied so eine klare Aussage zum Geschehen auf den Future-Märkten. Klartext sprach dagegen zur selben Zeit Dan Dicker, ein erfahrener Händler, der 25 Jahre lang an der New Yorker Börse mit Futures auf Öl und Benzin handelte. Mit den Investmentbanken und ihren börsengehandelten Indexfonds seien Unmengen »dummes Geld auf die Ölmärkte geflossen«. Dies habe »die Leute, die noch Verbindung haben zur physischen Ware, weggeschwemmt«. Es stehe daher außer Frage, »dass diese Flut von

Geld und die Interessen der Finanzindustrie einen Ölpreis hervorbringen, der unfair ist und die Industrie genauso wie Verbraucher übel trifft«, sagte Dicker.[101]

3.5 Über alles Maß – Die Getreidepreise und der Spekulationsboom

Nicht minder erratisch erscheinen auch die Preissprünge für Getreide. So wurden Mais und Weizen an der Börse in Chicago zwischen Juni 2007 und Juni 2008 um volle 140 Prozent teurer. Durch die Abwertung des Dollars gegenüber den meisten anderen Währungen schlug das zwar nicht vollständig auf die Weltmärkte durch. Aber auch im Weltmaßstab stiegen die Getreidepreise nach Angaben der FAO im gleichen Zeitraum um rund 80 Prozent. Diese extreme Verteuerung brachte vielen Millionen Menschen Not und gilt neben den parallel dazu gestiegenen Preisen für Benzin und Transport als wesentlicher Auslöser für soziale Unruhen, die während dieser Zeit in 61 Ländern ausbrachen, deren Getreideversorgung abhängig von der Weltmarktlage war.

Zur Erklärung führten die Verteidiger des Glaubens an den effizienten Markt drei Gründe an: den wachsenden Fleischkonsum der aufsteigenden Mittelschichten in China und Indien, den stark angestiegenen Einsatz von Mais und Ölsaaten für die Biospritgewinnung und eine insgesamt schlechte Getreideernte im Erntejahr 2007/08. Nobel-Ökonom Paul Krugman etwa, engagiert in der Abwehr der Kritik an der Spekulation, beklagte »den Marsch des fleischessenden Chinesen – also die wachsende Zahl von Menschen, die erstmals reich genug sind, um so zu essen wie die Menschen im reichen Westen«.[102] Weil aber für jede Kalorie im Rindfleisch die siebenfache Menge an Getreide benötigt werde, führe dies zu einem starken Mehrverbrauch. Dieser Trend ist im Prinzip auch nicht zu bestreiten. Aber bisher konnten China und Indien, die zusammen mehr als ein Drittel der Weltbevölkerung stellen, dies noch immer mit der Steigerung der Produktion im eigenen Land ausgleichen. Darum lässt sich die Preisexplosion im Jahr 2008 damit ganz sicher nicht erklären. Denn gerade in diesem Jahr ist der Verbrauch beider Länder nur minimal gestiegen, und sie waren sogar Nettoexporteure von Getreide. Darum gebe es »keinen Beleg für plötzlich steigende Importe von China und Indien, die zu dem Preisschub beigetragen haben könnten«, konstatierte die FAO.[103]

Genauso liefert der Verweis auf die wachsende Produktion von Biotreibstoffen keine ausreichende Erklärung. Gewiss, insbesondere das Ethanol-Programm der USA hat eine massive zusätzliche Nachfrage für Mais geschaffen. Subventionen von sechs Milliarden Dollar jährlich führten dazu, dass mittlerweile rund 40 Prozent der gesamten amerikanischen Maisernte in den Tanks amerikanischer Autofahrer landet. Und zweifellos steht die Biospritproduktion zu Recht in der Kritik, weil sie fruchtbares Ackerland der Herstellung von Nahrungsmitteln entzieht. Gleichwohl steht die Preisexplosion für Getreide dazu in keinem Verhältnis. Denn während die Ethanol-Produktion sowohl in den USA als auch in anderen Produktionsländern das ganze Jahr 2008 auf vollen Touren lief und neue Rekordwerte erreichte, stürzten die Preise für Mais und Weizen in der zweiten Jahreshälfte 2008 um fast 70 Prozent ab und fielen noch unter das Niveau des Jahres 2006. Auch im Folgejahr blieben die Preise vergleichsweise niedrig, während die Produktion von Biosprit noch weiter zulegte. Die Entwicklung bei den Biotreibstoffen könne daher vielleicht einen Beitrag zur Nahrungskrise geleistet haben, »aber dieser ist weit geringer, als zunächst angenommen«, urteilten die Ökonomen John Baffes und Tassios Haniotis in ihrer Überblicksstudie für die Weltbank.[104]

Als wichtigste Erklärung für die Preisspitzen in 2008 führten viele Fachleute schließlich die allgemeine Versorgungslage mit Getreide an. Als Indikator dafür gilt unter Agrarökonomen das Verhältnis zwischen den gemeldeten Lagerbeständen und dem Verbrauch (»stocks-to-use ratio«). Dies war für Weizen bis zum Juni 2007 tatsächlich auf ein historisches Tief gefallen und lag zu diesem Zeitpunkt insbesondere wegen Dürre und Missernten im großen Exportland Australien bei nur noch 22,5 Prozent, fast drei Prozentpunkte niedriger als im Vorjahr. Für Mais und andere Futtergetreide lagen sogar nur 14,9 Prozent des Jahresverbrauchs auf Lager.

Zur Erklärung der Preisentwicklung taugt aber auch dieser Indikator wenig. Denn über längere Zeiträume betrachtet laufen auch die Getreidepreise und die »stocks-to-use ratio« völlig auseinander. So lag bei Mais das entsprechende Verhältnis auch schon im Erntejahr 2006/07 auf dem gleichen niedrigen Niveau, ohne einen entsprechenden Schub auszulösen. Für Weizen wiederum stieg das Niveau bis zum Juni 2011 wieder auf 28 Prozent und lag damit noch zwei Prozentpunkte höher als vier Jahre zuvor. Trotzdem war Weizen auf dem Weltmarkt im Juni 2011 doppelt so teuer wie im Juni 2007 (siehe Abb. 13).

Im Sommer 2012 steigerte sich das erneut auf katastrophales Niveau. Weil eine schwere Dürre die US-Getreideernte um mehr als ein Drittel minderte, nutzte die Finanzindustrie dies als Signal, um zur großen Preisjagd an den Future-Börsen zu blasen. Zwar minderte Amerikas Dürre wegen guter Erträge anderswo die erwartete weltweite Getreideernte lediglich um zwei Prozent.[105] Aber getragen von der »Story« der dürregeplagten US-Farmer kauften Investoren aller Art vom Hedgefonds bis zum Kleinanleger im großen Stil Agrarfonds und Futures. Prompt stiegen innerhalb von nur sechs Wochen die Preise für Mais, Weizen und Soja an den Börsen in den USA und Europa um mehr als 50 Prozent noch über das Niveau des Krisenjahres

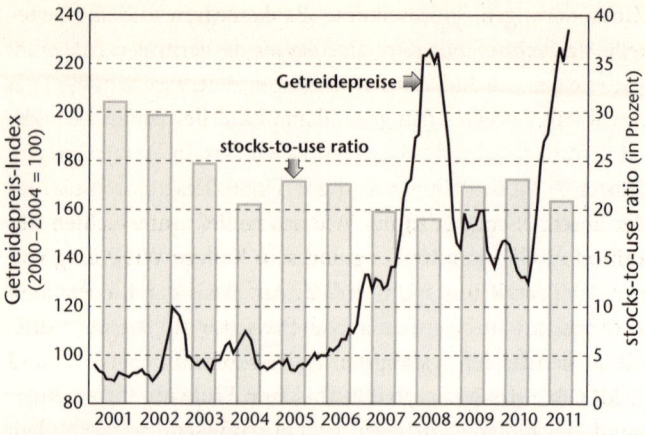

Abb. 13: Preise ohne Maß – Getreidevorräte im Verhältnis zum Verbrauch (stocks-to-use ratio) und Getreidepreise (inflationsbereinigt).
Quelle: FAO

2008. Einmal mehr wiederholte sich so das Muster, in dem vergleichsweise kleine Angebotsminderungen gigantische Preissprünge auslösen, weil die vermehrte Spekulation die Bewegung regelrecht nach oben (und später wieder nach unten) hebelt.

3.6 Preistreiber Notenbank – Rohstoffe als Spielball des Kapitalmarktes

Die Erklärung für all diese scheinbar widersinnigen Preisbewegungen ist aber nicht allein die vermehrte Spekulation an sich. Entscheidend ist vielmehr, dass die Finanzialisierung des Rohstoffhandels die Märkte für Rohstoffe aller Art von Aluminium über Weizen bis Zink zu einem Teil des gesamten globalen Kapitalmarkts gemacht hat. In der Konsequenz wurden daher

Zinsänderungen, Wechselkurse, Bankenkrisen und der generelle Herdentrieb der Kapitalverwalter die zentralen Faktoren, nach denen sich die Preisentwicklung richtet, weil sie eben auch das Anlageverhalten der Spekulanten auf den Rohstoffmärkten steuern. Nichts verdeutlicht diesen Zusammenhang klarer als der Preisboom im Vorlauf zur Finanzkrise von 2008 und der anschließende Absturz. Wie das verlief, untersuchten der Princeton-Ökonom Ke Tang und sein Kollege Wie Xiong von der Pekinger Renmin-Universität. Auf Basis der Börsendaten konnten sie klar belegen, dass die Preise für all jene Rohstoffe, die in den beiden wichtigsten Indizes zusammengefasst sind (S&P GSCI, DJ-UBS), ab 2004 bis zum Frühjahr 2008 weitgehend gleichförmig anstiegen und anschließend wieder fielen, und zwar auch dann, wenn sich Angebot und Nachfrage für die verschiedenen Rohstoffe völlig unterschiedlich entwickelten. Für Rohstoffe, die von den Index-Investments nicht betroffen waren, gab es diese parallele Bewegung dagegen nicht. Dass die Index-Investoren die zentrale Rolle spielten, zeigte sich nicht zuletzt auch an den Preisbewegungen für die gleichen Rohstoffe an den chinesischen Terminbörsen. Weil diese von der Bewegung auf dem globalen Kapitalmarkt weitgehend isoliert sind, fielen die Auf- und Abwärtsbewegungen dort für die verschiedenen Rohstoffe auch sehr unterschiedlich aus, obwohl sie doch über den physischen Handel mit dem Weltmarkt durchaus verbunden sind. Außerhalb Chinas aber werde »der Preis für einen einzelnen Rohstoff nicht mehr einfach durch Angebot und Nachfrage bestimmt«, sondern »durch eine ganze Reihe finanzieller Faktoren wie dem allgemeinen Risikoappetit auf Finanzanlagen und das Investment-Verhalten der Rohstoff-Index-Anleger«, konstatierten die beiden Ökonomen.[106] An dieser Verknüpfung über alle Rohstoffklassen hinweg hat sich auch nach der Bankenkrise nichts geändert. »Sie wollen wissen, wie der Weizenpreis wird? Gucken Sie, was Kupfer macht«, spottete darum der Agrar-Informationsdienst »Agrimoney« im Mai 2011, als die Preise für beide Rohstoffe gleichförmig um acht Prozent einbrachen, und mit ihnen auch der Ölpreis – eine Bewegung, die wieder nur mit dem Ausstieg der Investoren aus Index-Anlagen zur erklären war, wie die Analysten der Australian & New Zealand Bank feststellten.[107]

Das Verhalten der Index-Anleger aber richtet sich in erster Linie danach, wie hoch die Renditen in den anderen Finanzmärkten sind und wie sie die allgemeinen Risiken einschätzen. Zur wichtigsten Größe, von der alle Rohstoffpreise abhängen, wurde daher die Höhe des Zinses auf dem Markt für amerikanische Staatsanleihen, den die Notenbank der USA über ihre Geldschöpfung steuert. Wie eng dieser Zusammenhang mittlerweile ist, dokumentierte der Wirtschaftsdienst Bloomberg. So begann der Anstieg der Rohstoffpreise nach der Finanzkrise just in dem Moment, als Amerikas Notenbanker im Mai 2009 dazu übergingen, auf Basis ihres elektronisch erzeugten Geldes selber Staatsanleihen für 300 Milliarden Dollar zu kaufen und so das ganze Finanzsystem mit billigen Dollars zu fluten. Diese Aktion, den die Hüter des Dollar beschönigend mit dem Begriff »Quantitive Easing« (QE, mengenmäßige Lockerung) belegten, sollte eigentlich die amerikanische Wirtschaft anheizen, weil sie Kredite billiger machte. Doch Amerikas überschuldeten Verbrauchern war auch mit niedrigen Zinsen nicht zu helfen, und die amerikanische Volkswirtschaft reagierte kaum. Dafür aber wurden Staatsanleihen zum Minusgeschäft, weil deren Ertrag unter die Inflationsrate sank. Umso stärker setzten Großinvestoren daher auf Rohstoffe und brachten so einen erneuten Preisschub in Gang. Als die Federal Reserve ab August 2010 die gleiche Aktion wiederholte und bis Juni 2011 noch einmal 600 Milliarden Dollar zusätzlich in den Markt schleuste, zündete dies daher eine erneute Preisexplosion (siehe Abb. 14).

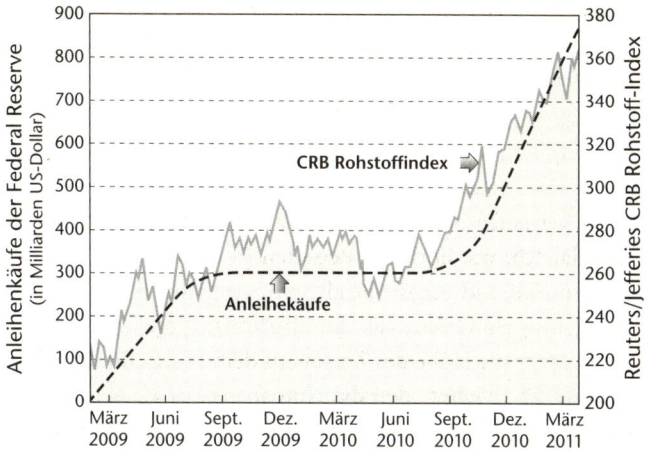

Abb. 14: Dollarflut treibt Rohstoffinflation. Geldschöpfung der US-Notenbank durch Kauf von Staatsanleihen und Rohstoffpreise (Renters / Jefferies-CRB-Index).
Quelle: Bloomberg.

Erst mit dem absehbaren Ende von »QE2« brachen die Rohstoffpreise dann im Mai 2011 prompt wieder ein. Vor diesem Hintergrund urteilten auch die Ökonomen der japanischen Notenbank, dass »die Rohstoffpreise zusehends weniger die jeweiligen Bedingungen bei Angebot und Nachfrage einzelner Rohstoffe reflektieren, sondern vermehrt von den Effekten der Portfolio-Umschichtung der Finanzinvestoren abhängig sind«.[108] Selbst die Experten der im Rohstoffhandel engagierten Finanzkonzerne stellten fest, dass die amerikanische Geldpolitik den Rohstoffboom angefacht hat. »Der Versuch [der Federal Reserve], den amerikanischen Immobilienmarkt wieder anzufachen, endet leider damit, die Preise für […] Rohstoffe hochzutreiben«, erkannte etwa Alan Ruskin, ein vielzitierter Investmentstratege der Deutschen Bank.[109] Auch die Rohstoffanalysten der Investmentbank Barclays Capital, stellten im November

2010 fest, dass »QE2 die Rohstoffmärkte in den vergangenen Monaten stimuliert« habe.[110]

So bestätigen ironischerweise ausgerechnet die Analysten der beiden in Europa auf dem Markt für Rohstoffanlagen führenden Banken das, was ihre Chefs und deren bezahlte Ökonomen in der öffentlichen Debatte stets verneinen: den Einfluss der Spekulation. Denn wie sonst sollte sich die Notenbankpolitik in den Rohstoffpreisen niederschlagen, wenn nicht über die vermehrte Anlage in entsprechenden Wertpapieren. Und dabei handelt es sich keineswegs um einmalige Ausrutscher. Auch in den Berichten an die US-Börsenaufsichtsbehörde SEC konstatieren die Fondsmanger der Deutschen Bank ausdrücklich, dass der Wert ihrer Rohstoffindexfonds keineswegs nur von Angebot und Nachfrage der dem Index zu Grunde liegenden Rohstoffe beeinflusst wird, sondern auch von »in- und ausländischen Zinsraten und den Erwartungen der Investoren bezüglich dieser Zinsraten« sowie den »Investitionen und Handelsaktivitäten von Investmentfonds, Hedgefonds und anderen Rohstoff-Fonds«.[111] Genauso stellen die Analysten von Barclays stets das Anlegerverhalten selbst als einen wesentlichen Faktor der Preisbildung dar. So schrieben sie etwa im Februar 2012, dass neben dem Anzug der Nachfrage im Rahmen der allgemeinen Konjunktur das Verhalten der Rohstoffanleger »der zweite große Treiber« für seit Jahresanfang wieder steigende Rohstoffpreise sei.[112]

Wenn aber so die von Zinsraten und Wechselkursen getriebenen Motive der Finanzanleger die Überhand gewinnen, dann zählen die Stimmungen und Stimmen der Finanzwelt mehr als jede echte Nachricht über Veränderungen bei Angebot und Nachfrage. Darum war es etwa möglich, dass allein die Rohstoffanalysten von Goldman Sachs am 12. April 2011 mal eben die Preise für Rohöl und Weizen an den US-Terminbörsen um fünf Prozent nach unten trieben, und das einfach nur, indem sie ihren Kunden per Rundbrief empfahlen, jetzt die Gewinne der vorangegangenen Monate zu realisieren und auszusteigen – eine Marktbewegung, die selbst traditionelle Spekulanten empörte. »Da redet ein großer Laden vom Profite mitnehmen und jeder Spekulant folgt ihrer Führung quer durch alle Rohstoffe«, ärgerte sich Andy Ryan, Broker bei der Firma FC Stone. Das Resultat sei »ein Bildschirm, auf dem es nur noch rote Zahlen gibt«.[113] Auch Jerry Gidel, Händler bei North American Risk Management, einem Dienstleister für die Agrarbranche, sah finstere Mächte am Werk. »Die Fundamentals haben sich kein bisschen geändert«, sagte er, »wir sind in der Hand von Chartisten und Trendfolgern, niemand guckt mehr auf die einzelnen Fundamentaldaten.«[114] Und ganz nebenbei, so darf vermutet werden, machten die Händler bei Goldman Sachs auch noch einen ansehnlichen Zusatzgewinn, indem sie mit ihren eigenen Positionen rechtzeitig auf die andere Seite des Marktes wechselten, bevor die Verkaufswelle einsetzte.

Umgekehrt reagierte der Markt zunächst fast gar nicht auf die Ende Mai 2011 verkündete Aufhebung des Exportverbots für Getreide aus Russland, obwohl sich damit das Angebot auf dem Weltmarkt für Weizen auf einen Schlag um 15 Millionen Tonnen oder fast zehn Prozent des Weltexports eines Jahres erhöhte. Umso stärker fielen die Preise aber ab der zweiten Juniwoche 2011, als in Europa der Streit um die Überschuldung Griechenlands eskalierte und sich Furcht vor einer erneuten Finanzkrise verbreitete. Binnen zwei Wochen wurden Weizen und Mais an der Leitbörse in Chicago plötzlich um 20 Prozent billiger.

All das heißt keineswegs, dass schlechte Ernten, eine nachlassende Ölförderung oder eine steigende Nachfrage keinen Einfluss mehr auf die Preisentwicklung haben. Doch unübersehbar ist, dass die Mobilisierung der vielen hundert Milliarden Dollar für die Rohstoffspekulation diese »fundamental« genannten Faktoren zumindest über lange Phasen außer Kraft setzen kann – und damit großen Schaden anrichtet.

In diesem Kapitel wurde begründet, warum dies entgegen den Behauptungen der Finanzindustrie möglich ist: Zum einen führen die Kapitalanlagen in Rohstoffindexfonds, die ausschließlich Kaufpositionen erwerben und nicht zum Zweck der Preisabsicherung für Handelsgeschäfte getätigt werden, dazu, dass die Future-Preise strukturell höher sind, als sie es ohne diese Investitionen wären (vgl. Kap. 3.1). Da andererseits die Future-Preise nachweislich die Preisbildung auf den Spotmärkten beeinflussen, schlagen sich diese strukturellen Preiserhöhungen auf die Lebensmittelpreise nieder (vgl. Kap. 3.2). Dieser Zusammenhang ist mittlerweile auch durch zahlreiche ökonometrische Analysen belegt (vgl. Kap. 3.3), besonders für den Rohölmarkt, dessen Preisbewegungen sich auf die Lebensmittelpreise zu knapp 30 Prozent niederschlagen (vgl. Kap. 3.4). Gleichzeitig hat sich der Future-Markt noch weiter von der realen Angebots- und Nachfragesituation für Rohstoffe abgekoppelt, weil er zu einem Teil des globalen Kapitalmarktes geworden ist. Das heißt, Zinsen, Aktienkurse und Geldpolitik determinieren die Future-Preise, und damit letztlich auch die Preise auf den Lebensmittelmärkten (vgl. Kap. 3.6).

In welchem Ausmaß genau das Geld der Finanzinvestoren diese Preise bestimmt, ist naturgemäß nicht eindeutig abzuschätzen und stets von der jeweils betrachteten Periode abhängig. So kalkulierte der Ökonom Christopher Gilbert mit Hilfe einer aufwendigen Modellrechnung, dass die Preise für Rohöl allein durch die Indexfonds-Investoren im ersten Halbjahr 2008 um 20 bis 25 Prozent aufgeblasen wurden. Für Weizen, Mais und Soja berechnete er den Beitrag der Index-Spekulanten zum Preisauftrieb mit rund 10 Prozent.[115] Auch Gilberts Bremer Kollege Hans Bass konstruierte ein ähnliches Rechenmodell. Seine Ergebnisse zeigten an, dass die Spekulation die Preise für Weizen, Mais und Soja im Jahr 2008 zur Zeit der großen Nahrungskrise um bis zu 15 Prozent nach oben trieb.[116]

Berechnungen wie diese beruhen aber selbstverständlich immer auf Annahmen darüber, was der »richtige« Preis wäre, und sind deshalb angreifbar. Doch für die politische Beurteilung der Spekulation an den Rohstoffmärkten ist es letztlich ohne Bedeutung, ob die Anleger Nahrungsmittel nun um 5, 10 oder 20 Prozent teurer machen, als es nötig wäre. Entscheidend ist vielmehr, dass es sehr gute Argumente für einen derartigen Einfluss der Spekulation gibt und dieser deshalb in hohem Maße wahrscheinlich ist – mit potentiell dramatischen Auswirkungen: Die Weltbank schätzte, dass während der Hochpreisphase 2007/2008 an die 100 Millionen Menschen zusätzlich Hunger leiden mussten, weil sie die höheren Preise nicht mehr bezahlen konnten. Die frühere deutsche Entwicklungsministerin Heidemarie Wieczorek-Zeul leitete daraus ab, dass »für jeden Prozentpunkt Preisanstieg die Zahl der Menschen, die vom Hunger bedroht sind, um 16 Millionen« steige.[117] Das bezog sich nur auf die damaligen Preisrelationen, aber die Größenordnung ist heute nicht minder realistisch. Die deutsche Hilfsorganisation Welthungerhilfe kalkulierte, dass im ersten Halbjahr 2011 allein in den 30 Ländern, die auf externe Hilfe bei der Nahrungsversorgung angewiesen sind, sieben bis acht Millionen Menschen wegen des spekulativ erzeugten Preisauftriebs an Unterernährung leiden.[118] Doch selbst wenn es nur 100 wären, wäre jeder Einzelne zu viel. Denn gleichzeitig gibt es keinerlei wirtschaftlichen Nutzen aus der massenhaften Kapitalanlage an den Rohstoffmärkten. Nicht ein Dollar oder Euro, den die Investmentbanken auf die Warenterminbörsen leiten, dient produktiven Investitionen zur Förderung von Rohstoffen oder der Herstellung von Nahrungsmitteln. Es handelt sich ausschließlich um Wettgeschäfte.

Vor diesem Hintergrund ist die Forderung der Finanzstrategen, ihre Kritiker sollten den vermuteten Schaden unumstößlich beweisen, nicht nur zynisch, sie steht auch im Widerspruch zu Prinzipien des internationalen Völkerrechts. Schon die Wahrscheinlichkeit der Gefährdung von Leib und Leben von Menschen erfordert die Anwendung des auch in der Europäischen Verfassung verankerten Vorsorgeprinzips, das präventives Handeln zum Schutz von Leib und Leben vorschreibt. Zur Anwendung kommen muss in diesem Fall auch die Umkehr der Beweislast: Die Finanzmanager von Börsen und Investmentbanken, die ihre Umsätze und Gebühreneinnahmen mit Hilfe der Rohstoffmärkte maximieren und damit potentiell Menschen in den Hunger, ja in den Tod treiben, müssen beweisen, dass ihre Geschäfte keinen Schaden anrichten. Genau das aber können sie nicht, und sie versuchen es bisher auch gar nicht. Warum also machen Regierungen und Parlamente dem Rohstoff-Kasino kein Ende? Warum drängen sie die Finanzindustrie nicht mit einer strengen Regulierung der Terminbörsen aus dem Geschäft? Die Antwort ist für die Demokratien der westlichen Industrieländer beschämend.

4 Machtkampf um die Preishoheit –
Wer zügelt die Rohstoffspekulanten?

Es war Frankreichs damaliger Staatspräsident Nicholas Sarkozy, der als erster Staatsmann von Weltgeltung die schädlichen Auswirkungen der Finanzspekulationen auf den Rohstoffmärkten thematisierte. Im Januar 2011 erklärte er vor rund 300 geladenen Diplomaten und Journalisten im Elysée-Palast die Bekämpfung der Spekulation mit Rohstoffen und Nahrungsmitteln zu einem der drei Schwerpunkte des Programms für die Gruppe der zwanzig führenden Staaten der Welt (G20), deren Präsidentschaft in diesem Jahr bei Frankreich lag. »Wenn wir nichts tun, dann riskieren wir Hungerrevolten in den armen Ländern und schlimme Folgen für die Weltwirtschaft«, warnte er. »Und wie will man den Menschen erklären, dass wir zwar die Geldmärkte regulieren, aber die für Rohstoffe nicht?« Nötig seien daher Regeln, die den Einfluss der spekulativen Anleger zurückdrängen, etwa indem die Investoren höhere Sicherheiten einzahlen müssten oder indem die Höhe ihrer Positionen begrenzt werde. Zudem sei auch die seit langem geforderte Transaktionssteuer für die Finanzmärkte dringend geboten. Das, so Sarkozy, »ist auch eine moralische Frage«.[119]

4.1 G20 – Global Governance auf niedrigstem Niveau

Erstmals hob Frankreichs Präsident damit das Thema auf die höchste Ebene der Weltpolitik. Bis dahin hatten nur Aktivisten und Ökonomen sowie der US-Kongress den Streit um die fragwürdigen Preiswetten an den Rohstoffbörsen geführt. Nun aber wurde er zum Gegenstand der globalen Diplomatie – und geriet damit in ein komplexes Geflecht höchst widersprüchlicher Interessen. Allen voran stellten sich die großen Agrarexporteure Brasilien und Kanada von Beginn an gegen Sarkozys Forderung nach global abgestimmten Regeln für die Rohstoffbörsen. »Wir haben nun wirklich wichtigere Themen als vielleicht ein gewisses Maß an Spekulation auf den Märkten«, wiegelte Kanadas Finanzminister Jim Flaherty ab.[120] Und sein brasilianischer Kollege Guido Mantega unterstellte gar, Sarkozy und seine Verbündeten wollten »die Preise für Rohstoffe regulieren«, aber Brasilien sei »vollständig gegen den Einsatz von solchen Mechanismen«.[121] Brasiliens Agrarminister Wagner Rossi mobilisierte eigens seine Kollegen aus Argentinien, Uruguay, Paraguay, Chile und Bolivien und brachte so die südamerikanische Wirtschaftsgemeinschaft Mercosur in Stellung gegen Sarkozys Vorstoß. »Die Initiativen einiger Industrieländer, welche den Kampf gegen die Ernährungsunsicherheit mit der Begrenzung der internationalen Preise führen wollen, würden nur die Agrarproduktion all der Länder mindern, die dafür einen komparativen Kostenvorteil haben«, hielten sie in einer gemeinsamen Erklärung fest. Es gebe aber »nur einen Weg, die hohen Preise zu senken, und zwar durch die Steigerung der Produktion, und Südamerika ist eine der wenigen Regionen, wo die Bedingungen für die Steigerung des Angebots an Agrargütern gegeben sind«, erklärte Rossi vollmundig.[122]

Das klingt zunächst absurd. Weder Sarkozy noch andere Kritiker der Rohstoffspekulation haben je von Preiskontrollen gesprochen oder diese gar gefordert. Und doch steht hinter der Verweigerung der Agrarexportstaaten durchaus rationales Kalkül. Denn die Rohstoffinvestoren, die mit ihren »long-only«-Anlagen an den Future-Märkten den Preisauftrieb verstärken, erhöhen ihre Exporterlöse. Jede Maßnahme dagegen interpretieren sie daher als Verstoß gegen ihre wirtschaftlichen Interessen. Weil aber den Wählern in Brasilien, Kanada oder

Australien schwer zu erklären ist, warum ihre Regierungen sich gegen die Begrenzung der Spekulation stellen, wählen die Verantwortlichen daher die Methode »dumm stellen« und attackieren stattdessen eine Forderung, die niemand erhoben hat.

Als treuen Verbündeten an ihrer Seite können die Gewinner des Agrarpreisbooms auf die britische Regierung zählen. Zwar ist das Vereinigte Königreich seit je Netto-Importeur von Agrargütern. Aber Britanniens Regierende sehen sich traditionell als Interessenvertreter der Finanzindustrie, die fast ein Zehntel der Wirtschaftsleistung des Landes erbringt. Die britische Umwelt- und Agrarministerin Caroline Spelman nutzte darum einen Besuch in Brasilien im April 2011, um frühzeitig Unterstützung gegen das Ansinnen aus Paris zu leisten. Gemeinsam mit Rossi plädierte sie für »offene, transparente und effiziente Rohstoffmärkte«. Dafür müssten »Finanzinstrumente für Produzenten und Verbraucher zugänglich sein, um es ihnen zu ermöglichen, die Risiken von Preisschwankungen zu managen«.[123] Die von der Finanzindustrie organisierte massenhafte Spekulation erwähnten sie mit keinem Wort und verlegten sich stattdessen auf andere Übeltäter. Um Preissprünge zu vermeiden, so forderten sie, sollten alle Staaten sich verpflichten, keine Exportbeschränkungen mehr zu erlassen, wie es Russlands Regierung im Sommer 2010 für Weizen und die indische Regierung 2007 für Reis getan hatte. So wichtig das Verbot solch unfairer Schutzpolitik wäre, so wenig würde dies aber an den Auswüchsen der Spekulation ändern. Genau das aber will Finanzminister George Osborne ausdrücklich nicht, wie sein Ministerium gleich nach Sarkozys Vorstoß in einem Schreiben an die EU-Kommission festhielt. Es bedürfe erst »weiterer Belege«, ob die Begrenzung der Positionen einzelner Marktakteure überhaupt »machbar« sei und ob dies nicht »unbeabsichtigte Konsequenzen« hätte wie »die Einschränkung der Liquidität an den Märkten«.[124] Zwar sind derlei Einwände durch die Erfahrungen in den USA vor der Deregulierung und die zahlreichen wissenschaftlichen Arbeiten zum Thema längst überholt. Aber auch die amtlichen Lobbyisten in London nutzen das Prinzip »dumm stellen«, um ihre Verweigerung zu begründen.

Das hält auch die deutsche Bundesregierung nicht besser. Dabei schien das im ersten Anlauf noch ganz anders. Im Januar 2011 stellte sich Agrarministerin Ilse Aigner zunächst vorbehaltlos hinter den Vorstoß der EU-Partner aus Paris und beklagte, dass es durch »übermäßige Spekulationen zu Exzessen an den Märkten« komme. Nahrungsmittel dürften aber nicht »zum Objekt von Zockern werden«. Schließlich gehe es »um die Lebensgrundlage von Milliarden Menschen«.[125] Darum gelte es, Grenzen für tägliche Preisschwankungen und Grenzen für die Höhe der Positionen der Marktteilnehmer einzuführen. Auch Finanzminister Wolfgang Schäuble gab sich zunächst durchaus kritisch gegenüber der Rohstoffspekulation. »Ich wünsche mir strenge Regeln für den Rohstoffhandel von Banken und vergleichsweise hohe Eigenkapitalanforderungen hierfür«, forderte er noch im April 2010.[126] Zudem müsse die Frage beantwortet werden, ob Banken wirklich »in der derzeitigen Form mit Rohstoffen spekulieren oder gar selbst zu Rohstoffhändlern werden« müssten. Selbst der überzeugte Marktliberale Rainer Brüderle, damals noch Bundeswirtschaftsminister, forderte Maßnahmen gegen »wettbewerbsverzerrende Spekulationen an den Rohstoffmärkten«. Die Preisentwicklung an den Börsen koppele sich »von den Fundamental-Daten ab. Das sind Knappheitsspekulationen, die dem Produktionsprozess schaden, weil sie die Kosten hochtreiben«, klagte er.[127]

Doch von dem verbalen Engagement blieb nicht viel übrig. Im Juli 2011 veröffentlichte Ministerin Aigner ein Positionspapier zur »Preisvolatilität und Spekulation auf den Märkten für Agrarrohstoffe«, mit dem sie Regeln gegen die Spekulation an den Rohstoffmärkten allenfalls für die ferne Zukunft in Aussicht stellt. Zur Begründung verweisen Aigner und ihre Berater ganz im Ton der Finanzlobbyisten auf das vermeintlich ungesicherte Wissen über den Einfluss der Spekulation auf die Preise. Schließlich schaffe »erst das Vorhandensein externen Kapitals der Finanzinvestoren die Voraussetzung für die Funktionsfähigkeit der Märkte für Agrarderivate«. Zwar könnten »Probleme auftreten, wenn die Spekulation zu einem eigenständigen Preisbildungsfaktor« werde. Aber um das festzustellen, gelte es zunächst, »den Einfluss von Derivategeschäften auf die Preisentwicklung empirisch genauer zu untersuchen«. Erst wenn sich »auf dieser Basis Bedarf für Regulierungsmaßnahmen« ergebe, sei »ein Bündel spezifischer Instrumente zu prüfen, mit dem die Aufsichtsbehörden den Fehlentwicklungen angemessen begegnen können«, heißt es vage. In diese Prüfung seien dann auch »Positionslimits für Finanzinvestoren oder eine Anhebung der Eigenkapitalunterfütterung« einzubeziehen.[128] Könnte, sollte, müsste – das mutet angesichts der zahlreichen empirischen Studien zum Thema realitätsfern an. Fachleute der Hilfsorganisation Oxfam und des Thinktanks für Entwicklungspolitik WEED hatten die Ministerin ausdrücklich auf die umfangreiche wissenschaftliche Literatur hingewiesen, die den Einfluss der Kapitalanleger auf die Agrarpreise belegen. Aber Aigner und ihre Beamten zogen es vor, diese nicht zur Kenntnis zu nehmen. Und so betreibt auch die Bundesregierung nur eine etwas subtilere Form von »dumm stellen«, um sich nicht festzulegen. Ob dies aus Rücksichtnahme auf die britische Position in der EU oder auf Druck der Finanzindustrie geschieht, ist nur zu vermuten. Klar ist hingegen, dass Aigners Position vor allem die Interessen der deutschen Agrarlobby spiegelt. Denn ganz ähnlich wie ihre Kollegen in Brasilien oder Kanada möchten auch die Interessenvertreter der deutschen Bauern und des Agrarhandels die Förderung ihrer Erlöse durch die Spekulanten nicht missen. »Für die Landwirte«, sei es doch erfreulich, »dass hohe Preise auf Grund hoher Nachfrage entstehen«, erklärte da etwa Helmut Born, Generalsekretär des Deutschen Bauernverbandes, bei einer Anhörung im Bundestag. Aber es gebe »keine Hinweise, dass die Warenterminbörsen von exzessiver Spekulation betroffen« seien. Käme es zur Einführung von Positionsgrenzen, wie Aigner ursprünglich gefordert hatte, würde dies »nur die Liquidität im Handel mit Terminkontrakten schwächen«.[129] Genauso machte sich Volker Petersen, Vize-Chef des Deutschen Raiffeisenverbandes und damit Lobbyist für Deutschlands größte Agrarhandelsfirma Agravis, für den freien Zutritt von Finanzanlegern auf die Rohstoffmärkte stark. Bisher seien »allenfalls kurzfristige Über- oder Untertreibungen« zu beobachten. Darum sehe er »keinen Anlass zur weiteren Regulierung von sogenannten Spekulationsgeschäften«.

Hintergrund für diese bewusst naive Argumentation ist der Umstand, dass Europas Getreideproduzenten und -händler sich gegenüber den Konkurrenten in den USA und anderswo im Nachteil sehen. Zwar folgen die Börsennotierungen für Getreide in Europa zumeist dem Trend an den US-Börsen. Aber die Umsätze an den Getreidebörsen in Paris und London liegen noch weit unter jenen in den USA, vor allem deshalb, weil die in Europa gehandelten Kontrakte für Weizen, Roggen und Raps bisher nicht Teil eines der großen Rohstoffindizes sind, auf deren Entwicklung die Anleger an den US-Börsen wetten. Dort aber sind Agrarhandelskonzerne wie Cargill, ADM und Bunge längst auch in die Vermarktung der spekulativen Kapitalanlagen eingestiegen, haben also de facto ihre eigenen Investmentbanken gegründet und erzielen damit gute Gewinne. Demgegenüber, so verriet Petersen in seiner schriftlichen Stellungnahme für den Bundestag, stünden »die Warenterminbörsen in der EU noch am Anfang ihrer Entwicklung«.

Beschränkungen »für landwirtschaftsferne Akteure oder sogenannte Spekulanten würden diese veranlassen, andere Anlagemöglichkeiten zu suchen und die Warenterminbörsen ihrer Leistungsfähigkeit berauben«.[130] »Wir würden es begrüßen, wenn die Fondsinvestoren künftig auch bei uns aktiv wären, das würde uns mehr Möglichkeiten eröffnen«, bestätigte ein leitender Manager eines großen europäischen Agrarhandelskonzerns. Mit anderen Worten: Geht es nach den Interessen der europäischen Agrarbranche, soll Europa möglichst dem US-Vorbild folgen, ungeachtet der dort vom Parlament und den Aufsichtsbehörden vielfach festgestellten Fehlentwicklungen.

All das bedeutet nicht, dass die französische Regierung unter den G20-Staaten keine Unterstützer hätte. Russlands Finanz- und Landwirtschaftsminister stellten sich unmissverständlich hinter die französischen Vorschläge, und das obwohl das Land einer der größten Rohstoffexporteure der Welt ist. Für die Regenten in Moskau zählen berechenbare Preise und gute Beziehungen zu Frankreich offenkundig mehr als die Zusatzgewinne durch die Spekulation.[131] Auch die drei bevölkerungsreichsten Staaten der Welt China, Indien und Indonesien signalisierten ihre Unterstützung. Chinas Präsident Hu Jintao gelang es sogar, seine brasilianische Kollegin Dilma Rousseff zur Unterzeichnung eines gemeinsamen Communiqués der sogenannten BRICS-Staaten (Brasilien, Russland, Indien, China, Südafrika) zu bewegen, das ausdrücklich fordert, »die Regulierung der Märkte für Rohstoffderivate zu stärken, um Aktivitäten vorzubeugen, welche die Märkte destabilisieren«,[132] obwohl Rousseffs Minister für Finanzen und Landwirtschaft gleichzeitig auf das Gegenteil drängen.

Aber auch wenn damit die Repräsentanten von gut zwei Dritteln der Menschheit auf verstärkte Regulierung der Rohstoffspekulation drängen, so war doch schon im Sommer 2011 klar, dass es zu keiner globalen Vereinbarung in dieser Richtung kommen wird. Denn die G20-Gruppe ist lediglich eine Art Diskussionsforum, und Beschlüsse können ausschließlich im Konsens aller Mitglieder gefällt werden. Die »Global Governance«, die globale Regierungsführung, die das Gremium eigentlich leisten soll, kann darum nur auf dem niedrigsten Niveau und dem kleinsten gemeinsamen Nenner stattfinden. Wie wenig auf diesem Weg zu erreichen ist, demonstrierten die Landwirtschaftsminister der G20, als sie im Juni 2011 in Paris ihr erstes Gipfeltreffen abhielten. Das einzig greifbare Ergebnis nach monatelangen Vorbereitungen war der Beschluss zur Einrichtung eines globalen Informationssystems über Lagerbestände und Erntemengen für die wichtigsten Grundnahrungsmittel (»Agricultural Market Information System«, AMIS). Würden auf diesem Weg zuverlässige Informationen über die tatsächliche Versorgungslage bereitgestellt, wäre dies gewiss ein Fortschritt und würde den oft nur phantasierten Orakeln der Analysten aus Finanz- und Agrarindustrie den Boden entziehen.[133] Doch zum Kernproblem der von den Finanzanlegern verursachten extremen Preisschwankungen verwiesen die Minister lediglich auf einen Formelkompromiss, den zuvor bereits die Finanzminister der G20 verabschiedet hatten.[134] Darin vereinbarten sie, dass die Weltorganisation der Aufsichtsbehörden für Wertpapiere, die IOSCO, Empfehlungen zur Aufsicht und Regulierung der Märkte für Rohstoffderivate erarbeiten solle. Auf dieser Basis sollte dann ab September 2011 weiter verhandelt werden. Aber auch die Beamten in diesem Gremium unterliegen den Weisungen ihrer Finanzministerien, und auch sie können nur im Konsens entscheiden. Folglich fielen ihre Empfehlungen vage aus. Demnach sollen die Regierungen ihre Behörden mit den nötigen Vollmachten und technischen Fähigkeiten ausstatten, um das »ordentliche Funktionieren« der Rohstoffmärkte sicherzustellen, auch indem sie Grenzen für die maximale Menge an Futures und vergleichbaren außerbörslichen Verträgen festlegen. Doch nach welchen Kriterien diese Grenzen definiert und was überhaupt »ordentliches Funktionieren« bedeutet, das sparten die Aufseher lieber aus. Eine mögliche Trennung der Rohstoffbörsen von Einflüssen aus dem Kapitalmarkt zogen sie nicht einmal in Erwägung.[135]

Absehbar ist daher, dass die G20 lediglich die Informationslage gemeinsam verbessern wollen, so wie es im Zuge der allgemeinen Finanzmarktreformen im Gefolge der Krise ohnehin schon vereinbart war, etwa durch die Zusammenfassung des außerbörslichen Derivatehandels (OTC) in beaufsichtigten Clearing-Zentralen sowie die Registrierung aller Akteure und die Erfassung ihrer Transaktionen in amtlichen Statistiken. Als Zauberformel gegen die Preissprünge an den Rohstoffbörsen gaben die Minister daher die »Herstellung von Transparenz« aus, was auch Deutschlands Agrarministerin Aigner schließlich als »wichtigstes« Ergebnis ihrer Politik schilderte. Auf die Frage, was alle Transparenz nutze, wenn es an Instrumenten mangele, um Fehlentwicklungen zu bekämpfen, beschied sie lediglich, dies sei erst »später zu entscheiden«.[136]

Aber das stimmt so nicht. Ganz gleich, auf was sich die G20 dereinst einigen werden: Die Entscheidung darüber, ob die ungezügelte Spekulation mit dem täglichen Brot der Menschheit aufgehalten wird, wird lange vorher fallen, und zwar dort, wo das Zentrum des Geschäfts liegt, in den Vereinigten Staaten. Dort ist die Frage nach der Begrenzung der Finanzanlagen in Rohstoffen Gegenstand eines beinharten Machtkampfes zwischen Behörden, Parlamentariern und Lobbyisten. Denn Amerika hat ein ganz eigenes Problem mit der Rohstoffspekulation, ein großes Problem …

4.2 Wall Street gegen Main Street –
Der Streit um die Reform der Rohstoffmärkte in den USA

Dieses Mal wurde es auch Barack Obama zu viel. Als Mitte April 2011 der Preis für Rohöl auf 125 Dollar pro Fass stieg und das Benzin an der Zapfsäule wieder fünf Dollar pro Gallone kostete, mochte sich Amerikas Präsident nicht mehr zurückhalten. »Es ist einfach wahr: Was die Ölpreise derzeit rauftreibt, ist keineswegs ein Mangel an Angebot. Es gibt genug Öl da draußen für die weltweite Nachfrage«, erklärte er bei einer Ansprache vor Studenten im Bundesstaat Virginia. Schuld an den hohen Preisen seien vielmehr die Preiswetten der Spekulanten. »Und wissen Sie was? Sie sagen uns dann, es gebe eine Chance von 20 Prozent, dass im Nahen Osten etwas geschehen und die Ölversorgung unterbrochen werden könnte, und darum wetten wir darauf, dass der Ölpreis wirklich hochgeht, das erzeugt diese Preisspitzen«, zürnte Obama.[137] Erstmals griff der US-Präsident damit öffentlich in eine Debatte ein, die Amerika schon seit vielen Jahren bewegt: Den Streit um die Begrenzung der Finanzwetten auf den Rohstoffmärkten.

Anders als für die meisten Europäer ist diese Auseinandersetzung für Millionen Amerikaner von existentieller Bedeutung. Wie keine andere Nation sind die Vereinigten Staaten auf Gedeih und Verderb von der Versorgung mit Benzin und Diesel abhängig. Beinahe das gesamte Transportsystem des Landes läuft über Automobile, LKWs und Flugzeuge. Weil die große Mehrheit der Bevölkerung in den weit verstreuten Vororten wohnt, fahren zig Millionen täglich so weite Strecken zu ihrem Arbeitsplatz, dass die Ausgaben für Benzin neben den Zahlungen für ihre Häuser und Wohnungen den wichtigsten Posten in ihrem persönlichen Budget bilden. Steigt der Benzinpreis um 50 Cent pro Gallone, kostet das Amerikas Verbraucher rund 70 Milliarden Dollar pro Jahr. Steigen die Benzinpreise auf

5 Dollar pro Gallone und mehr, wie zuletzt im April 2011, stehen Millionen Bürger vor der Wahl, entweder ihren Wohnort oder ihren Arbeitsplatz aufgeben zu müssen. Darum ist der Ölpreis und wie er zustande kommt, immer wieder Gegenstand hitziger Debatten, sowohl unter den Bürgern als auch im Kongress. Darum auch nutzte die Mehrheit der Abgeordneten und Senatoren im Juli 2010 die Verabschiedung des Gesetzespakets über die Reform der Finanzmärkte, den nach seinen Urhebern in Senat und Abgeordnetenhaus benannten »Dodd-Frank Act«, um die Deregulierung der Rohstoffbörsen wieder rückgängig zu machen und so die Dominanz der Finanzindustrie an den Rohstoffmärkten zurückzudrängen. Dazu erneuerten und präzisierten sie das Gesetz über die Rohstoffbörsen (Commodities Exchange Act, CEA), das der in Washington ansässigen Aufsichtsbehörde CFTC (Commodity Futures Trading Commission) den Auftrag erteilt, an den Terminbörsen »exzessive Spekulation zu mindern, zu eliminieren oder zu verhindern«.

Um das zu erreichen, verordneten Amerikas Gesetzgeber die Rückkehr der Warenterminbörsen zu den alten Regeln aus der Zeit vor der Liberalisierung. Darum soll die Behörde nun wieder »Höchstgrenzen für die Zahl der Positionen in Futures, Optionen und Swaps«, sowohl für »einzelne Personen« als auch für ganze »Gruppen oder Klassen von Händlern« erlassen und durchsetzen.[138] Gleichzeitig hob das Gesetz die 1999 erteilte pauschale Rücknahme solcher Positionsgrenzen für Derivate im Energiesektor auf. Vor allem aber erteilte der Kongress den Aufsehern auch den Auftrag, die Überschreitung dieser Grenzen nur noch für solche Geschäfte zuzulassen, die der Absicherung der Preisrisiken für den tatsächlichen physischen Handel mit Rohstoffen aller Art dienen. Akteure, die nur Risiken aus rein finanziellen Transaktionen absichern wollen, sollten dagegen künftig keine Ausnahmen vom Positionsregime mehr erhalten. Investmentbanken und Hedgefonds sollten also nur noch in engen Grenzen an den Terminbörsen für Rohstoffe handeln dürfen.

Der Auftrag war somit eigentlich klar, und das Gesetz legte sogar die Termine für dessen Umsetzung fest. Bis spätestens ein Jahr nach Verabschiedung des Dodd-Frank Act, also bis 21. Juli 2011, sollte die CFTC die entsprechenden Regeln erlassen und durchsetzen. Aber was zunächst so eindeutig erschien, war auch ein Jahr später noch immer nicht Praxis. Denn die Wall Street-Banken und mit ihnen die Rohstoffhandels- und Öl-konzerne setzten ihre mächtige Lobby-Maschinerie in Gang, um die Einführung der neuen Regeln zu hintertreiben. Allein beim US-Kongress sind 2000 Lobbyisten nur für die Finanz-branche registriert, mehr als vier für jeden Abgeordneten und Senator. Drei Viertel davon sind ehemalige Mitarbeiter des US-Parlaments, darunter sogar 73 frühere Abgeordnete und Sena-toren.[139]

Als ihre willigen Helfer dienten sich die Abgeordneten der Republikanischen Partei an, die im Oktober 2010 die Mehrheit im Abgeordnetenhaus eroberten. Dort machten sie es sich zur Aufgabe, das neben der Gesundheitsreform wichtigste Projekt der Obama-Regierung, die Re-Regulierung der Finanzmärkte, zu Fall zu bringen. Weil sie das Gesetz selbst zunächst nicht rückgängig machen konnten, drehten sie den Aufsichtsbehör-den kurzerhand den Geldhahn zu. Federführend dabei wirkte der Abgeordnete Spencer Bachus, der sich seinen Wahlkampf von Unternehmen und Lobbyisten des Finanzgewerbes mit mehr als einer Million Dollar sponsern ließ.[140] Anschließend übernahm er den Vorsitz im Ausschuss für Finanzdienstleis-tungen, dem die parlamentarische Kontrolle der Finanzauf-sicht untersteht. Dort nutzten Spencer und seine Kollegen ihre neue Mehrheit, um diese systematisch zu schwächen, insbeson-dere die Aufseher für das Derivategeschäft. Statt der von der

Regierung geforderten 460 Millionen Dollar erhielt die CFTC für das Haushaltsjahr bis zum Oktober 2011 lediglich 202 Millionen Dollar.

Die Folgen sind bizarr. Die Behörde hat die Federführung für das zentrale Projekt der Finanzmarktreform, die Regulierung des Marktes für Finanzderivate aller Art, insbesondere jene, die nicht über die Börsen laufen, sondern von den Banken im Direkthandel (»over-the-counter«, OTC) vertrieben werden, darunter auch all jene Geschäfte, die auf die Rohstoffpreise spekulieren. Die Intransparenz und mangelnde Kontrolle dieser Dunkelzone des Finanzgewerbes gilt als eine der Kernursachen dafür, dass im Herbst 2008 der Zusammenbruch nur einer Bank das ganze globale Finanzsystem an den Rand des Kollaps brachte. Insgesamt 51 neue Ausführungsregeln sollte die CFTC dafür konzipieren und anschließend überwachen. Aber nun konnte sie 200 der dafür vorgesehenen Stellen nicht besetzen. Weil die Behörde nicht einmal die Reisekosten ihrer Mitarbeiter zahlen kann, fahren sie mit langsamen Bussen oder verbringen acht Stunden am Tag im Zug zwischen Washington und New York, um die Hotelübernachtungen zu sparen. Der Behördenchef musste sogar eine Reise nach Brüssel selbst bezahlen, um dort bei der EU-Kommission für ein gemeinsames Vorgehen bei den Finanzreformen zu werben. Erst recht fehlen seiner Behörde die Mittel, um die Einhaltung der neuen Regeln, wenn sie denn erst einmal etabliert sind, zu überwachen. »Wir haben Hunderte von Milliarden für diesen abscheulichen Freikauf [der Banken] ausgegeben, und nun finanzieren wir nicht einmal die Reformen, um eine Wiederholung zu verhindern«, klagte Bart Chilton, einer der fünf Kommissare der CFTC.[141]

Gleichzeitig organisierten die Reformgegner auch den Widerstand innerhalb der Behörde. Deren Leitung obliegt dem früheren Goldman-Sachs-Manager Gary Gensler. Er bekannte sich klar zu den Zielen der Finanzmarktreform und räumte öffentlich ein, dass die De-Regulierung, die er einst selbst mit betrieben hatte, ein Fehler war.[142] Doch Gensler kann nicht allein entscheiden, sondern benötigt die Mehrheit in dem fünfköpfigen Leitungsgremium der Behörde. Dort aber stellten sich die beiden Kommissare Scott O'Malia und Jill Summers auf die Seite der Republikaner. Und auch Michael Dunn, einer der drei Kommissare, die von den Demokraten ernannt wurden, sprach sich gegen die Verfügung von strikten Positionslimits aus. Immerhin verweigerte sich Dunn dem Gesetzesauftrag nicht vollständig.

Darum durfte Gensler im Januar 2011 zumindest einen Kompromissvorschlag für den Rohstoffbereich zur öffentlichen Diskussion stellen. Dieser setzt die Limits allerdings sehr hoch an. Den ursprünglichen Gesetzesauftrag, die Spekulation insgesamt zu begrenzen, würden diese Grenzen nicht erfüllen. Verteilt über eine größere Anzahl von Anlagevermittlern könnten noch immer die gleichen Summen wie bisher investiert werden. Gleichwohl entfachte die Finanzbranche einen regelrechten Sturm gegen den Vorschlag. Denn bisher ist das Geschäft in den Händen von gut zwei Dutzend Banken und Handelskonzernen konzentriert. Die von ihnen vermittelten Anlagen in Terminkontrakten sind so hoch, dass einige womöglich sogar die weit gesetzten Grenzen überschreiten. Ihnen aber will die CFTC zugleich auch den Ausnahmestatus entziehen, der sie bisher von allen Begrenzungen freistellte. Ausnahmen von den Positionslimits soll es ausdrücklich nur noch für Unternehmen geben, die handfest nachweisen, dass sie tatsächlich mit solch großen Mengen an physischen Rohstoffen umgehen müssen. »Das würde unser Geschäft erheblich vermindern«, räumte der Chef-Stratege eines der führenden Investmenthäuser ein. Darum bestürmten die Anwälte der Finanzindustrie die Behörde mit endlosen Terminanfragen und überhäuften die Beamten mit Tausenden von Einsprüchen.

Darin sprechen die Einwender, allen voran der Lobbyverband »Futures Industry Association« (FIA), der CFTC sogar das Recht ab, überhaupt Begrenzungen zu erlassen, weil es »keine Beweise« für einen schädlichen Einfluss der Spekulation auf den Handel mit der physischen Ware gebe – eine Behauptung, die von den Analysten der beteiligten Banken selbst fortwährend widerlegt wird, wenn sie Preisentwicklungen mit dem Zu- oder Abfluss von Kapitalanlagen erklären. Für den Fall, dass die CFTC an ihren Plänen festhalte, drohte die FIA dennoch mit einer Klage vor dem Bezirksgericht in Washington.[143]

Unter diesem hohen Druck und eingeklemmt zwischen den politischen Lagern beschloss die Kommission darum im Oktober 2011 ein Regelwerk, das lediglich formal Positionsgrenzen für alle Märkte von Rohstoffderivaten festlegt. Diese sind jedoch so hoch, dass damit lediglich die Manipulation der Preise durch einzelne Marktteilnehmer verhindert werden kann. So sollen einzelne Unternehmen etwa auch weiterhin Kontrakte über mehr als sechs Millionen Tonnen Mais oder 100 Millionen Fass Öl halten dürfen. Dem Missbrauch der Future-Börsen für die Kapitalanlage wird dieses Regime jedoch – anders als vom Gesetz eigentlich vorgesehen – keine Grenzen setzen (siehe Exkurs: Instrumente gegen die Rohstoffspekulation, Seite 130). Wenn es Geld gebe, das in Rohstoffwetten angelegt werden solle, dann werde es genügend Anbieter geben, die dies innerhalb der Grenzen tun könnten, erklärten Maklerfirmen gegenüber der *Financial Times*.[144] Die Handelsvolumina der großen Rohstoffbörsen CME und ICE würden daher voraussichtlich selbst im schlimmsten Fall um höchstens fünf Prozent sinken, konstatierte auch die auf den Finanzsektor spezialisierte Unternehmensberatung Keefe, Bruyette & Wood in einer Analyse für ihre Kunden.[145]

Immerhin eröffnen die neuen Regeln jedoch die Chance für spätere weitergehende Beschränkungen. Ginge es nach dem

Willen der Finanzindustrie und der großen Handelskonzerne, sollte es das Instrument der Positionsgrenzen denn auch am besten gar nicht geben. Darum reichte die ISDA, die globale Lobbyorganisation der Derivate-Händler, auch gegen diese weichen Regeln Klage ein – und das sogar mit Erfolg. Kurz bevor die neuen Regeln erstmals angewandt werden sollten, entschied der Bundesrichter Robert L. Wilkins am Bezirksgericht Washington, die CFTC müsse erst noch die »Notwendigkeit« der Positionsbegrenzungen »nachweisen«, bevor sie diese in Kraft setzen könne. Der CFTC-Vorsitzende Gensler forderte, das Urteil solle vor Amerikas höchstem Gericht, dem Supreme Court, angefochten werden. Aber bis Redaktionsschluss dieses Buches war darüber noch nicht entschieden. Fachleute erwarten jedoch, dass die Behörde den geforderten Nachweis liefern wird, so dass die neuen Regeln nur mit Verspätung rechtskräftig werden, voraussichtlich im Laufe des Jahres 2013.[146]

Exkurs: Instrumente gegen die Rohstoffspekulation

Um den Einfluss der Kapitalanleger auf die Preise an den Warenterminbörsen zu mindern, bieten sich drei mögliche Instrumente an: die Beschränkung des Zugangs für spekulative Anleger an den Terminbörsen, der Ausschluss von institutionellen Investoren wie Pensionsfonds und Versicherungen und schließlich das Verbot von Publikumsfonds auf Basis von Rohstoffindizes.

Derzeit setzen die meisten reformwilligen Politiker und auch die Aktivisten zivilgesellschaftlicher Organisationen in den USA und Europa vor allem auf die (Wieder-)Einführung von sogenannten Positionslimits. Gemeint ist eine für jede Börse und jeden Rohstoff definierte Obergrenze der Anzahl an Terminkontrakten und vergleichbaren über die Banken gehandelten Derivaten, die einzelne Unternehmen und Händler jeweils zeichnen dürfen. Diese Forderung geht zurück auf die Erfahrungen an den US-Future-Börsen, wo solche Regeln bis zum Ende des vergangenen Jahrhunderts galten und die Spekulation tatsächlich auf einen Anteil von zumeist weniger als 30 Prozent der Gesamtzahl an Futures begrenzten. Die im US-Kongress im Juli 2010 verabschiedete Finanzmarktreform schreibt den erneuten Erlass solcher Grenzen auch ausdrücklich vor. Dazu hat die zuständige US-Aufsichtsbehörde CFTC im Oktober 2011 tatsächlich eine Regel erlassen, deren Umsetzung aber noch aussteht. Wenn sie wie geplant im Lauf des Jahres 2013 in Kraft gesetzt wird, dürften einzelne Unternehmen generell nicht mehr als 10 Prozent aller offenen Kontrakte pro Rohstoff und Liefermonat halten und nicht mehr als 2,5 Prozent aller Futures über alle Liefermonate zusammen, gleich ob als Käufer (long) oder Verkäufer (short).[147] Damit wären, gemessen am Marktvolumen des Jahres 2010, etwa für Rohöl-Futures über eine Menge von mehr als 100 Millionen Fass für jedes Finanzunternehmen erlaubt.

Für Futures auf Agrarrohstoffe legte die Kommission darüber hinaus gesonderte Limits fest. Aber auch diese sind sehr weit gefasst. Demnach darf jeder Handelsteilnehmer Kontrakte über mehr als vier Millionen Tonnen Mais, zwei Millionen Tonnen Soja und 1,6 Millionen Tonnen Weizen halten.

Diese Grenzen erfüllen jedoch nur den Zweck, die Manipulation der Märkte durch einzelne Händler zu unterbinden. An der preisverzerrenden Wirkung des Missbrauchs der Rohstoffbörsen für die Kapitalanlage wird das nichts ändern. Wohl würde die bisherige Konzentration des Future-Marktes auf die großen Investmentbanken wie Goldman Sachs, Deutsche Bank, Barclays, Morgan Stanley und JP Morgan gemindert. Sie könnten nicht mehr wie bisher im Auftrag ihrer Kunden zweistellige Milliardenbeträge auf die Future-Börsen lenken. Aber an ihre Stelle könnte eine größere Zahl anderer Finanzunternehmen treten. Das Gesamtvolumen der spekulativen Anlagen und damit ihr Einfluss auf die Preise an den Warenterminbörsen würden dadurch vermutlich nur wenig oder gar nicht gesenkt. Diesen Einwand erhebt auch Adair Turner, Chef der britischen Finanzaufsicht FSA, der sich gegen die Übernahme des US-Modells in die anstehende EU-Gesetzgebung ausspricht. »Selbst wenn der Auftritt einer Klasse von rein finanziellen Akteuren auf dem Markt eine schädlichen Wirkung hätte, wäre die Begrenzung der Prozentanteile einzelner Investoren an der Zahl der Kontrakte keine effektive Antwort, weil eine Vielzahl von Anlegern mit Positionen unterhalb dieser Grenze vermutlich gemeinsam immer noch eine große Wirkung hätten«, schrieb Turner.[148]

Um der Spekulation Herr zu werden, bedürfe es daher »aggregierter Positionslimits«, also absoluter Obergrenzen nicht nur für einzelne Unternehmen, sondern für den Anteil der Spekulation am Terminhandel insgesamt, fordert die amerikanische »Commodities Markets Oversight Coalition«, in der sich rohstoffverbrauchende Unternehmen, Verbraucherschützer und entwicklungspolitische Aktionsgruppen zusammengeschlossen haben. Demnach dürften alle Finanzanleger zusammen grundsätzlich nicht mehr als 30 Prozent aller Derivate für einen an den US-Börsen gehandelten Rohstoff halten. Würde die Grenze überschritten, müssten die Anleger ihre Positionen jeweils anteilig vermindern. Der von dem Hedgefonds-Manager Michael Masters ins Leben gerufene Thinktank Better Markets schlägt zudem vor, eine besondere Grenze für Rohstoffindexfonds in Höhe von 10 Prozent aller Positionen einzuführen, um insbesondere diese Langfristanleger zurückzudrängen, die unabhängig von Angebot und Nachfrage für die physischen Rohstoffe hohe Kauf(Long)positionen eingehen und so die Preise treiben.[149]

Aber Positionsgrenzen, gleich in welcher Form, bergen ein grundsätzliches Problem: Ihre Anwendung setzt voraus, dass die Aufsichtsbehörden in der Lage sind, die rein spekulativen Anleger klar von jenen Akteuren zu unterscheiden, die Terminkontrakte zeichnen, um sich gegen Preisschwankungen für Kauf und Verkauf der tatsächlichen physischen Rohstoffe abzusichern. Denn diese im Marktjargon »Hedger« und »end-user« von Derivaten genannten Unternehmen wie Fluggesellschaften, Lebensmittelverarbeiter oder Getreidehändler und Ölkonzerne gehen zwangsläufig mit weit größeren Rohstoffmengen um, als es die Positionslimits erlauben. Solche, an den Umgang mit der physischen Ware gekoppelten Warentermingeschäfte müssen die Aufseher also von den Begrenzungen freistellen, wenn die Warenterminbörsen noch ihren eigentlichen Zweck erfüllen sollen. So sieht es auch die CFTC vor. Geht es nach ihrem Konzept, sollen alle Akteure den Umfang der zugrundeliegenden physischen Geschäfte genau beziffern, um anschließend dafür eine Freistellung zu erhalten.

Doch diese Unterscheidung ist in der Praxis kaum trennscharf durchzuführen. Denn anders noch als vor zehn Jahren haben sich Grenzen zwischen den beiden Seiten des Geschäfts mit Rohstoffderivaten heute weitgehend aufgehoben. Alle großen Investmentbanken sind mittlerweile auch im Handel mit den physischen Rohstoffen aktiv. Und umgekehrt betreiben auch die Handelskonzerne für Getreide, Rohöl und Industriemetalle umfangreiche Finanzgeschäfte. Der Cargill-Konzern zum Beispiel, der weltgrößte Getreidehändler und -verarbeiter, ist auch mit Pensions- und Hedgefonds groß im Geschäft, die ihr Kapital in Rohstoffwetten anlegen.[150] Genauso halten es Cargills Wettbewerber Archer Daniels Midland und Bunge. Wie weit ihr Handel an den Terminbörsen sich von deren ursprünglichen Zweck entfernt hat, zeigte sich, als die US-Behörde

CFTC ihre neuen Regeln ankündigte. Diese würden sie eigentlich begünstigen, weil ihre Absicherungsgeschäfte von den Auflagen freigestellt werden sollen. Trotzdem machten die großen Getreidehändler gemeinsam mit der Finanzindustrie Front gegen die geplanten Positionsgrenzen und erklärten, diese seien »unnötig eng definiert«.[151] Die gleiche Vermischung von finanzieller Spekulation und physischem Handel ist auch im Ölgeschäft gang und gäbe. Da sind die Konzerne Shell und BP neben Exxon nicht nur die größten Rohölhändler und Raffineriebetreiber der Welt, sondern zählen zugleich auch zu den größten Händlern für Öl-Derivate. Auf der Rangliste der größten Finanzinvestoren im Energiebereich führt das Branchenmagazin »Energy Risk« die beiden Konzerne auf den Plätzen sechs und sieben. Ganz vorne stehen die Investmentbanken Morgan Stanley und Barclays.[152] Diese wiederum unterhalten aber auch eigene Ölreedereien und Pipeline-Unternehmen und könnten also, genau wie Shell und BP auch den Status von »end-usern« der Rohstoffderivate für sich beanspruchen.[153] Um die Positionsgrenzen nur auf den spekulativen Anteil des Derivategeschäfts anzuwenden, müssten die Aufseher bei jedem dieser Unternehmen exakte Angaben dazu anfordern. Aber kontrollieren könnten sie diese allenfalls mit umfangreichen Buchprüfungen – ein Aufwand, den keine Behörde zu leisten in der Lage wäre. In der Praxis bliebe ihnen daher nichts anderes übrig, als mögliche Überschreitungen großzügig zu handhaben.

Das bedeutet nicht, dass die Einführung der in den USA geplanten und in Europa geforderten Positionsgrenzen sinnlos wäre. Aber fraglich ist, ob allein damit der exzessiven Spekulation wirksam Einhalt geboten werden kann. Als mögliche Ergänzung zur Regulierung des Derivatehandels bietet sich daher an, die Rohstoffspekulation auch an der Quelle zu bekämpfen, also bei Pensionsfonds, Versicherungen, Stiftungsverwaltungen und Vermögensverwaltern. Denn es sind diese Kapitalsammelstellen, die sogenannten institutionellen Investoren, die einen großen Teil des Kapitals stellen, das für die Wetten auf steigende Rohstoffpreise eingesetzt wird. Warum aber müssen die Ersparnisse von Millionen Arbeitnehmern, die Prämien von Versicherungskunden oder das Vermögen von gemeinnützigen und steuerbefreiten Stiftungen für die Spekulation auf steigende Rohstoffpreise eingesetzt werden? Zur Begründung führen die Anbieter der Fonds für solche Investoren stets an, die Anlage in Rohstoffen helfe, deren Portfolio und damit die Pensionen der Sparer oder die Erträge der Stiftungen »gegen Inflation abzusichern und das Risiko zu streuen«, wie etwa Pimco, der weltgrößte Vermögensverwalter aus dem Allianz-Konzern, wirbt.[154] Aber das stimmt so längst nicht mehr. Denn gerade die damit betriebene Lenkung von großen Mengen Anlagekapitals auf die Rohstoffmärkte hat dazu geführt, dass die dort erzielbaren Erträge keineswegs sicherer oder besser sind als auf den Märkten für Aktien und Anleihen. »Die Suche nach nicht korrelierten Anlagen wurde Opfer des eigenen Erfolgs«, konstatierte auch Gillian Tett, die Fachfrau der *Financial Times* für die Irrtümer der Investment-Community.[155] Wer etwa in Fonds auf Basis des S&P Goldman Sachs Commodity Index investierte, machte in den Jahren 2005 bis 2010 im Durchschnitt 6,5 Prozent Verlust pro Jahr, weil in diese Zeit der große Einbruch infolge der Finanzkrise fiel. Auch für Anleger auf Basis des zweitwichtigsten Rohstoff-Index, dem Dow Jones UBS-CI, kam gerade mal ein Prozent Rendite pro Jahr heraus, weniger als die Inflationsrate. Investitionen in amerikanischen Aktien des S&P 500-Index, der die 500 größten US-Aktiengesellschaften umfasst, brachten dagegen immerhin 2,4 Prozent Ertrag.[156]

So wachsen nun auch bei den Managern von Pensionsfonds und Stiftungen die Zweifel. »CalSTRS« zum Beispiel,

der Pensionsfonds für Kaliforniens Lehrer und staatliche An-
gestellte und der zweitgrößte seiner Art in den USA, hatte
im Jahr 2010 eigentlich geplant, 2,5 Milliarden Dollar in
Rohstoff-Fonds zu investieren. Als mehrere Aktionsgruppen
diesen Plan kritisierten, konsultierten die Fondsverwalter
unabhängige Fachleute und ließen die Argumente der Kritiker prüfen. Nach acht Monaten ausführlicher Beratungen
zogen sie den Schluss, dass die mageren Erträge das Risiko
der potentiellen Schäden für die Armutsländer und Amerikas Konsumenten nicht wert waren und legten ihren Plan
auf Eis.[157] Genauso entschied auch der Verwaltungsrat des
britischen »Royal Post Pension Plan« für die Angestellten
der staatlichen Post, grundsätzlich nicht mehr in Rohstoffe
zu investieren. Gleichzeitig wächst die Zahl der Pensions-
fondsmanager, die nach »nachhaltigen«, also sozial und
ökologisch verträglichen Anlagemöglichkeiten suchen.
Aber noch sind solche verantwortungsbewussten Investoren in der Minderheit. Die Schweizer Privatbank Sarasin
zum Beispiel versucht sich auf die Vermarktung nachhalti-
ger Investments zu spezialisieren. Auf dem Höhepunkt der
Hungerkrise im Juni 2008 stiegen die von der Bank ange-
botenen Rohstoff-Fonds daher aus dem Handel mit Mais-
und Weizen-Futures aus. Aber dabei blieb es nicht. Weil
ihre Kunden die branchenüblichen Index-Anlagen über die
gesamte Rohstoffpalette forderten, sind die rund zwei Milliarden Euro schweren Rohstoff-Fonds der Bank nun auch
wieder im Agrarbereich investiert.[158]
Die Episode beweist, dass allein der Druck der Öffentlichkeit nicht ausreicht. Darum spricht vieles für eine gesetzliche
Regelung. Rentenkassen, Versicherungen und gemeinnüt-
zige Stiftungen unterliegen ohnehin strengen Auflagen
zum Schutz ihrer Kunden und der Stiftungsvermögen. Eine
weitere Auflage, das Geld der Sparer und Stifter nicht in
Rohstoffen anzulegen, könnte leicht hinzugefügt werden.
Und anders als die Positionslimits könnten die Aufsichtsbe-

hörden dies auch ohne großen Aufwand durchsetzen. Zudem wäre kein wirtschaftlicher Schaden damit verbunden. Im Gegenteil: Potentiell würde mehr Kapital für produktive Zwecke zur Verfügung stehen.

Das Gleiche gilt schließlich für die börsengehandelten Publikumsfonds und Zertifikate für Rohstoffe, die vornehmlich von individuellen Anlegern gezeichnet werden. Diese stellen mittlerweile bereits ein Drittel der Anlagesummen auf den Märkten für Rohstoffderivate. Auch für diese Fonds ist keinerlei volkswirtschaftlicher Nutzen erkennbar, nur die potentiellen Schadwirkungen. Folglich könnten derlei Fonds vom Gesetzgeber auch einfach verboten werden.

So hartnäckig der Widerstand gegen die Reform ist, so groß ist jedoch auch die Unterstützung. Parallel zum »Lobbysturm« der Finanzindustrie (Bloomberg) formierte sich eine ebenso starke Gegenlobby. Die »Commodities Markets Oversight Coalition« ist ein ganz ungewöhnliches Bündnis von rund 50 Organisationen, deren Mitgliedschaft quer durch die amerikanische Gesellschaft reicht. Dazu gehören die Luftfahrtkonzerne genauso wie der Verband der Spediteure, die Verbraucherschutzverbände ebenso wie die Einzelhändler für Öl und Gas sowie kirchliche und linke Aktivistengruppen. Und anders als in Europa reihten sich auch mehrere Bauernorganisationen ein, darunter auch die führende National Farmers Union mit mehr als 300 000 Mitgliedsbetrieben. Diese profitieren zwar von hohen Preisen, zumindest wenn sie Getreide anbauen. Zugleich sind sie aber auch Verlierer bei starken Schwankungen und bei hohen Brennstoffpreisen und erst recht, wenn sie Rinder-, Schweine- und Geflügelmast betreiben und die hohen Futterkosten nicht an ihre Kunden weiterreichen können. Unterm Strich, so folgerte Verbandspräsident Roger Johnson, »bleiben die Bauern auf den hohen Kosten sitzen, und die ländlichen Gemeinden sind gekniffen«.[159]

Er könne sich »nicht erinnern, wann sich jemals eine solche Vielfalt von völlig verschiedenen Interessengruppen zusammengeschlossen« habe, schwärmte Jim Collura, einer der Organisatoren und Lobbyist für den Brennstoffeinzelhandel nach der Jahreskonferenz im Juli 2010. »Bei anderen Themen würden sich diese Leute nicht mal ansehen.«[160] Doch in dieser Frage eint sie das Interesse, die Future-Börsen wieder für die einfachen Geschäftsleute und Rohstoffverbraucher nutzbar zu machen und die Preisschübe für jedermann zu begrenzen. So findet der klassische Konflikt Wall Street gegen Main Street bei diesem Thema einen handfesten Ausdruck und wird von Medien wie Wählern aufmerksam verfolgt. Und die Kritiker machen Druck. In Briefen an die Parlamentarier, Veranstaltungen und Fernsehinterviews stellen sie klar, dass ihnen die bisher verabschiedeten Regeln nicht weit genug gehen.

So ist auch drei Jahre nach Verabschiedung der großen Finanzmarktreform offen, ob und wann Amerika der Rohstoffspekulation Grenzen setzen wird. Wie im amerikanischen Parlament herrscht auch im Machtkampf um die CFTC und ihre Regeln eine Art gesellschaftliches Patt. Während die Finanzlobby über die Republikaner den Prozess erfolgreich verzögert und sabotiert, protestieren Abgeordnete und Senatoren der Demokraten gegen den »Gesetzesbruch«[161], und auch Präsident Obama mischt sich immer wieder ein, nicht zuletzt um damit im laufenden Präsidentschaftswahlkampf Punkte zu machen. So machte er etwa im April 2012 Front gegen die »Öl-Spekulanten«, die »Millionen einstreichen, während Millionen amerikanischer Familien den Kürzeren ziehen«.[162]

Damit ist absehbar, dass der öffentliche Druck groß bleiben wird und Regierung wie Parlament sich dem auf Dauer nicht werden entziehen können. Auf der anderen Seite des Atlantiks ist dies dagegen noch gar nicht sicher. Anders als in den USA sind dort auch vier Jahre nach der großen Krise die zentralen

Gesetze zur Reform der Finanzmärkte noch immer nicht beschlossen. Und zur möglichen Begrenzung der Rohstoffspekulation legte die EU-Kommssion lediglich einen vage formulierten Gesetzentwurf vor, dessen Verabschiedung nicht vor Frühahr 2013 erwartet wird. Darum untersteht der Handel an den Rohstoffbörsen Europas noch immer lediglich einer formalen Aufsicht. Anders als in den USA werden daher nicht einmal die Daten über die Positionen einzelner Unternehmen erfasst. Und eine Kontrolle der dort tätigen Investoren findet nicht statt.[163] Umso stärker haben dafür die Kritiker des umstrittenen Geschäfts begonnen, sich zu organisieren und ihre Argumente in die Öffentlichkeit zu tragen. Die Reaktionen der Verantwortlichen sind verblüffend.

4.3 Mobilmachung von unten –
Banken und Fonds unter Druck

Thilo Bode, Gründer und Geschäftsführer von foodwatch, ist ein erfahrener Aktivist. Aus seiner Zeit als langjähriger Direktor bei Greenpeace kennt er die Mechanismen, nach denen Medien, Unternehmen und Politik funktionieren. Aber damit hatte auch er nicht gerechnet. Nicht nur folgte auf die Vorstellung der ersten Version dieses Reports im Oktober 2011 in Berlin eine beinahe flächendeckende Berichterstattung quer durch alle deutschen Medien. Zugleich fühlten sich auch viele Bürger direkt angesprochen. Schon einen Tag nachdem der Appell an die Deutsche Bank, künftig auf die Geschäfte mit Rohstoff-Fonds zu verzichten, auf der foodwatch-Website veröffentlicht war, hatten mehr als 10 000 Menschen den Aufruf unterzeichnet. »So etwas hatten wir noch nie«, kommentierte Bode.

Und dann folgte das Schreiben aus Frankfurt. Bode hatte in einem offenen Brief an den damaligen Chef der Deutschen

Bank gefordert, er solle seiner Verantwortung nachkommen und dem zynischen Geschäft mit dem Hunger ein Ende machen. Schon am folgenden Tag schrieb Ackermann persönlich zurück und versprach, seine Mitarbeiter würden »den Bericht gründlich prüfen«. Sollten sich »dabei ausreichende Belege dafür finden, dass diesbezügliche Aktivitäten der Bank die von Ihnen beschriebenen Auswirkungen haben, werden wir entsprechende Konsequenzen ziehen«, kündigte er an.[164] Das klang gut. Die Deutsche Bank wollte nicht als »Hungermacher« gelten, und entsprechend positiv war auch das Medienecho.

War da also Deutschlands mächtigster Banker wirklich reformbereit? Martin Rücker, Pressechef bei foodwatch, war von Anfang an skeptisch. Genau die gleiche Formulierung hatte Ackermann bei einer Pressekonferenz drei Jahre zuvor schon einmal gewählt, nachdem die Aktivisten von attac der Bank »Geschäftemacherei mit dem Hunger« vorgeworfen hatten. Doch die einzige Konsequenz war, dass die Bank nicht mehr auf Brötchentüten für Wetten auf steigende Nahrungspreise warb. »Das ist nur ein PR-Trick«, prophezeite Rücker darum – und er behielt recht. Ackermanns scheinbares Zugeständnis erzielte die beabsichtigte Wirkung und nahm dem anhebenden Proteststurm zunächst den Wind aus den Segeln. In den folgenden Wochen erwies sich, dass die Manager von Deutschlands größtem Geldhaus keineswegs gewillt sind, das lukrative Geschäft mit Rohstoff-Fonds aufzugeben. Bei einem Treffen mit der von Ackermann eingesetzten »task force« in London machte der verantwortliche Chefhändler aus New York keinen Hehl daraus, dass er nicht einmal bereit ist, die in diesem Buch aufgeführten Fakten überhaupt zur Kenntnis zu nehmen (siehe Prolog, Seite 7). Und anstatt wie ursprünglich angekündigt, die »Prüfung« bis Ende Januar 2012 abzuschließen und dem Vorstand vorzulegen, entschieden Ackermann und sein Nachfolger Anshu Jain, diese bis »voraussichtlich Ende des Jahres« aufzuschieben. So vermieden sie, konkret zu den Ergebnissen dieses Reports Stellung zu beziehen. Stattdessen kündigten sie lieber die Erstellung einer eigenen Studie an. Da gehe »Gründlichkeit vor Schnelligkeit«, erklärte eine Sprecherin – und auch das war wieder nur ein PR-Trick. Denn schon im Juni 2012 erklärte der neu bestellte Chefökonom der Bank, David Folkerts-Landau, bei einer Anhörung im Bundestag, es gebe »keine empirischen Beweise« für einen Einfluss der Kapitalanleger auf die Getreidepreise, und folglich müssten dem Geschäft auch keine Grenzen gesetzt werden.[165] Mit anderen Worten: Das Ergebnis der angekündigten Studie stand schon fest, und fraglich ist, ob es eine solche überhaupt geben wird. Bedrängt von immer neuen Medienanfragen, inszenierten die Öffentlichkeitsarbeiter der Deutschen Bank dazu ein weiteres PR-Kunststück. Wegen der anhaltenden Debatte, so kündigten sie in ihrem Jahresbericht zur »Corporate Social Responsibility« an, werde die Bank »in diesem Jahr keine neuen börsengehandelten Investment-Produkte auf Grundnahrungsmittel« auflegen[166] – ein Zugeständnis, das gar keines war. Denn zu diesem Zeitpunkt stiegen die Anleger wegen der schlechten Renditen ohnehin im großen Stil aus eben solchen Produkten aus. Gleichzeitig blieben diese Fonds aber am Markt und ermöglichten dann wieder die Teilnahme an der neuen Preisrallye, die im Juli im Gefolge der Dürre in den USA 2012 einsetzte.

Doch das Kalkül der PR-Strategen, die lästige Kritik damit loszuwerden, ist nicht aufgegangen. Im Gegenteil: Der Protest findet zusehends mehr Unterstützung. So ging etwa Olivier de Schutter, der UN-Sonderbeauftragte für das Recht auf Nahrung, die Deutsche Bank direkt an und warf ihr vor, sie verhalte sich »verantwortungslos«, weil sie »so tut, als habe sie keine Einfluss auf die Preise«.[167] Zusammen mit kritischen Aktionären trugen foodwatch und die weltweit tätige Hilfsorganisation Oxfam die Kritik im Frühjahr 2012 auch auf die Aktionärsversammlungen der Deutschen Bank und des Allianzkonzerns. Dabei machten die Aktivisten von Oxfam mit dem Versicherungsriesen eine ähnliche Erfahrung wie foodwatch mit den Deutschbankern. Einige Allianz-Manager fanden sich bereit für ein Gespräch, bestritten aber gleichzeitig jede Verantwortung ihres milliardenschweren Investments an den Rohstoffbörsen für den Preisauftrieb an den Getreidemärkten. Jene sechs Milliarden Euro, mit denen die Allianz-Fonds in Agrarderivaten spekulieren, würden nicht »gezielt auf steigende Preise setzen«, behauptete ein Sprecher. Außerdem investiere der Konzern ja auch in die Düngemittelherstellung oder den Landmaschinenbau und fördere so die Agrarproduktion. »Ein Ausstieg« der Allianz aus dem Rohstoffgeschäft stehe daher »nicht zur Debatte«.[168] Daraufhin unternahm Oxfam den nächsten logischen Schritt: Die innerbetriebliche Altersvorsorge der Organisation soll – anders als bisher – nicht mehr über Verträge mit der Allianz organisiert werden. »Wir wissen, dass viele der 19 Millionen Kundinnen und Kunden der Allianz in Deutschland ähnlich denken«, sagte Oxfam-Geschäftsführerin Marion Lieser und forderte damit indirekt zum Boykott des Versicherungskonzerns auf. Der spreche »gern vom Risikomanagement, doch dies sollte nicht nur für die Investoren gelten«, forderte sie, sondern auch für die Hungernden in den Armutsländern.

Auf ein solches Votum ihrer Kunden mochten andere Banken lieber nicht warten. Im April 2012 beschloss zunächst die Deka-Bank, das Fonds-Institut der deutschen Sparkassen, künftig keine Fonds mehr anzubieten, die auf Agrarpreise wetten. Zwei Monate später folgte die Landesbank Baden-Württemberg. Im Juli schloss sich schließlich auch die Commerzbank dieser Entscheidung an und verbannte aus ihrem Publikumsfonds »Comstage ETF CB Commodity Index« alle Bezüge zu Derivaten auf Agrarpreise. Die Deka-Bank erklärte dazu, dass die Auswirkungen der Anlagen auf die Nahrungspreise zwar nicht »abschließend belegt« seien, es aber auch »keine Entwarnung« gebe. Die LBBW nannte sogar lediglich den »öffentlichen Druck« als Motiv, aus den Agrarpreisspekulationen auszusteigen.

Diese Erklärungen enthalten eine gute und eine schlechte Nachricht. Zum einen machen sie klar, dass selbst die Manager dieser eher volksnahen Geschäftsbanken keineswegs einsehen wollen, wie unsinnig die massenhaften Anlegerwetten auf Rohstoffpreise volkswirtschaftlich gesehen sind. Denn ihre Rohstoff-Fonds bieten sie ohne den Agraranteil weiterhin an und tragen so – über die aufgeblähten Öl- und Gaspreise – auch weiterhin zu überhöhten Getreidepreisen bei. Die gute Botschaft war: Das große Engagement der Kritiker bringt erste Erfolge.

Dass es so weit kam, ist nicht zuletzt auch das Verdienst all jener Aktiven, die Anfang 2012 dafür sorgten, dass zahlreiche Organisationen sich unter dem Motto »Mit dem Essen zockt man nicht« zu einem breiten Bündnis formierten. Dieses reicht von von der kirchlichen Hilfsorganisation Misereor über Oxfam, die Welthungerhilfe, medico international und terre des hommes bis hin zur Katholischen Arbeitnehmerbewegung. Gemeinsam und mit Hilfe der internetbasierten Kampagnen-Gruppe Campact appellierten die verschiedenen Gruppen an Parteien und Banken, das Geschäft aufzugeben und gesetzliche Grenzen und Verbote zu erlassen. Bis zum Herbst 2012 fanden sie dafür fast 100 000 Unterstützer bundesweit. Alle Bundestagsparteien mit Ausnahme der FDP veranstalteten Expertenanhörungen und formulierten Aufforderungen an die Regierung, entsprechend Einfluss auf die europäische Gesetzgebung zu nehmen. Diese Botschaft, so jedenfalls erschien es bei der entsprechenden Konferenz der Unionsfraktionen, kommt gerade auch bei konservativen Politikern an. Denn unabhängig vom sonstigen politischen Standpunkt gilt der großen Mehrheit der Bevölkerung die Spekulation auf Kosten der Ärmsten einfach als unmoralisch.

Das belegte auch eine Umfrage des Meinungsforschungsinstituts Forsa, die foodwatch in Auftrag gab. »Dass Banken Kapitalanlagen anbieten, die auf steigende Preise von Agrarrohstoffen wetten« halten demnach 83 Prozent der erwachsenen Bundesbürger für »nicht akzeptabel«. Auch unter Anhängern der Unionsparteien betrug die Quote noch 79 Prozent.[169]

Das gilt nicht nur für Deutschland. Ganz ähnlich ist das Meinungsbild auch in den meisten anderen europäischen Staaten. Und auch dort engagieren sich zahlreiche Organisationen für die Begrenzung der Rohstoffspekulation. So machte etwa die britische Hilfsorganisation »World Development Movement« (WDM) erfolgreich gegen den dortigen Marktführer Barclays Capital mobil. Parallel dazu machte die Organisation Friends of the Earth Europe mit einer Studie Schlagzeilen, welche detailliert über die Verstrickung von Banken in ganz Europa in das Rohstoffgeschäft aufklärte.[170] Vor diesem Hintergrund scheint es eigentlich selbstverständlich, dass zumindest die Europäische Union ihre Rohstoffbörsen so reguliert, dass sie wieder ihrem eigentlichen Zweck, der Preissicherung, dienen und für Kapitalanleger verschlossen werden. Aber diese Erwartung hat sich bisher nicht erfüllt. Europas Regierungen und auch die Abgeordneten des Europäischen Parlaments sind den Interessen der Finanzwirtschaft bislang mehr verbunden als den Ansichten ihrer Wähler oder der Verpflichtung, die Armutsbevölkerung des Südens vor überhöhten Nahrungsmittelpreisen zu schützen.

4.4 EMIR, MIFID und die ESMA – Das Tauziehen um die Rohstoffmärkte im Dickicht der EU-Institutionen

Ginge es nach Michel Barnier, als EU-Kommissar für die Regulierung des europäischen Binnenmarktes zuständig, dann gäbe es in Europa schon lange harte Beschränkungen für Kapital-

anleger auf den Rohstoffmärkten. »Die Spekulation mit Grundnahrungsmitteln ist ein Skandal, während es eine Milliarde
Menschen gibt, die hungern«, erklärte er im Europäischen Parlament schon im Januar 2010. »Ich kämpfe für eine gerechtere
Welt, und ich wünsche mir, dass Europa dabei die Führung
übernimmt«, bekannte er.[171] Doch Barnier ist nur einer von
27 Kommissaren, die in der EU die Gesetzesvorlagen gemeinsam beschließen müssen. Und die EU-Kommission ist nicht
Europas Regierung, sondern eine Behörde, die für Europas Gesetzgeber, den Ministerrat der 27 Regierungen und das Parlament, nur die Vorschläge entwickelt. Zugleich sind die Ressourcen der Kommission höchst beschränkt. Sie hat weniger
Mitarbeiter als die Stadtverwaltung von Köln und ist daher auf
die Zuarbeit von zahlreichen Beratungsunternehmen und -gre-
mien angewiesen – ein Einfallstor für gut organisierte Interessengruppen und ihre Lobbyisten. Folglich sind die Kommissare
und ihre Beamten stets eingebunden in ein Geflecht von
zumeist vielen hundert Akteuren. Darum ist es kein Zufall,
dass auch anderthalb Jahre nach Barniers scheinbar radikalem
Bekenntnis völlig offen ist, ob und wie die EU den Handel
mit Rohstoffderivaten regulieren wird. Und ähnlich wie in
Washington hat die Finanzbranche auch in Brüssel eine ganze
Armee von Lobbyisten in Stellung gebracht, um die Anstren-
gungen zur Reform der Finanzmärkte auszubremsen. Sie
dominieren alle von der Kommission berufenen Beratungs-
gremien für die Finanzreformen. In der Expertengruppe für die
Regulierung von Finanz- und Rohstoffderivaten, die zur Vorbe-
reitung der Reformen im Herbst 2009 berufen wurde, kamen
34 der 44 Mitglieder von Unternehmen aus der Finanzbranche
und deren Verbänden. 25 davon sind der »International Swaps
and Derivatives Association« verbunden, dem zentralen Lobbyverband für das Derivategeschäft.[172] Die übrigen zehn waren
Vertreter der nationalen Aufsichtsbehörden. Kritische und un-

abhängige Experten wurden gar nicht erst eingeladen oder angehört. Thierry Philliponat, Generalsekretär des unabhängigen Brüssler Thinktanks Finance-Watch und früherer Manager des Börsenkonzerns NYSE-Euronext, schätzt, dass die Finanzindustrie sich ihre Lobbyarbeit in Brüssel mehr als eine Million Euro täglich kosten lässt.

Wie hart da gerade auch um die Rohstoffspekulation gerungen wird, offenbarte sich, als die Kommission im Januar 2011 ihr Positionspapier zum Thema veröffentlichen und die von ihr anvisierten Reformen vorstellen wollte. In ihrem schon mit allen Ressorts abgestimmten Entwurf machten sich Barniers Beamte da das Standardargument der Finanzlobby zu eigen, es gebe »keine schlüssigen Beweise« für einen Zusammenhang zwischen der vermehrten spekulativen Anlage in Rohstoffderivaten und den Preisen für Rohstoffe auf dem physischen Markt.[173] Nachdem einige Medien darüber vorab berichteten, intervenierte Frankreichs damaliger Staatschef Sarkozy persönlich. Für eine solche Studie biete sich ja wohl »der 1. April als besserer Termin zur Veröffentlichung an«, kommentierte er sarkastisch.[174] Daraufhin schwächten Barniers Beamte die Formulierung etwas ab. Im später offiziell veröffentlichten Dokument hieß es dann, es sei »schwierig, die Wirkung zwischen Positionen auf den Derivatemärkten und den Spotpreisen abzuschätzen«, und »weitere Arbeit« sei »notwendig, um das Verständnis dieser Entwicklungen zu vertiefen«.[175]

Viel Zeit blieb dafür allerdings nicht. Gleich drei europäische Gesetze sollten reformiert werden, um auch in Europa den Markt für Finanz- und Rohstoffderivate transparent und kontrollierbar zu machen. Und alle drei sollten nach den Plänen der Kommission im Jahr 2011 verabschiedet werden. Das erste Vorhaben firmiert unter dem Titel EMIR, dem Kürzel für »European Market Infrastructure Regulation« und liegt Rat und Parlament schon seit September 2010 zur Beschlussfassung vor.

EMIR steht für »European Market Infrastructure Regulation« und bezeichnet ein im Frühsommer 2011 verabschiedetes EU-Gesetz, das vorschreibt, den Handel mit Finanzinstrumenten aller Art künftig nur noch über Börsen oder börsenähnliche Einrichtungen abzuwickeln, die ihre Handelsdaten an die Aufsichtsbehörden übermitteln müssen. Die Verordnung soll sicherstellen, dass einzelne Finanzinstitutionen nicht mehr von den Aufsehern unbemerkt überhöhte Risiken eingehen können.

Darin ist vorgesehen, ähnlich wie in den USA, den Handel mit Derivaten aller Art aus der Dunkelzone des außerbörslichen Handels herauszuholen und auf Clearing-Zentralen zu verlegen, wo alle Teilnehmer Sicherheitsleistungen hinterlegen müssen und die Behörden die eingegangenen Risiken kontrollieren können. Eigentlich hätte darin auch schon der Umgang mit Rohstoffderivaten und den Terminbörsen geregelt werden können, wie viele Kritiker anmerkten. Aber davor schreckte die Kommission zunächst zurück. Dies soll nun erst mit der Reform zweier weiterer Richtlinien geschehen, einer zur Verhinderung von Insidergeschäften und anderem Marktmissbrauch (»Market Abuse Directive«) und der sogenannten MiFID-Richtlinie, dem Kürzel für »Markets in Financial Instruments Directive«. Aber wie diese ausgestaltet werden, ist innerhalb der Kommission und zwischen den Regierungen so umstritten, dass Barnier entgegen der ursprünglichen Planung die Vorlage

MiFID heißt eine EU-Richtlinie (»Directive«) zu »Markets in Financial Instruments«. Sie schreibt vor, welche Regeln und Pflichten die Betreiber von Börsen und anderen organisierten Märkten für Wertpapiere und Finanzinstrumente erfüllen müssen und welche Aufgaben die Aufsichtsbehörden in diesem Bereich haben. Eine für Herbst 2011 angekündigte Reform der Richtlinie soll auch Vorschriften darüber enthalten, wie der Markt für Rohstoffderivate künftig gestaltet werden soll, der bisher in der EU weitgehend unreguliert ist.

der Gesetzesvorschläge bis Oktober 2011 aufschob. Im Kern des Streits steht die Frage, ob die Aufsichtsbehörden – ähnlich wie in den USA – »ex ante«, also vorab und dauerhaft Höchstgrenzen für die Anzahl an Warenterminverträgen festlegen sollen, die Banken und Rohstoffhändler eingehen dürfen, um so das Volumen der spekulativen Anlagen einzudämmen. Britanniens Finanzminister George Osborne ließ der Kommission mitteilen, seine Regierung werde solche Positionsgrenzen allenfalls als mögliches Instrument zulassen, das die jeweiligen nationalen Behörden von Fall zu Fall und nach eigenem Gutdünken einsetzen könnten.[176] Christine Lagarde, bis Juni 2011 Finanzministerin in Frankreich und seitdem Chefin des Internationalen Währungsfonds, erklärte dagegen, die Festlegung solcher Limits sei für ihre Regierung »unverzichtbar«, wie sie in einem Schreiben an Kommissar Barnier festhielt.[177] Aber selbst wenn die Kommission so wie von Barnier angekündigt dem amerikanischen Vorbild gefolgt wäre und verbindliche Positionslimits in ihren Gesetzentwurf gefordert hätte, müsste sie noch eine weitere Hürde einreißen, die einer wirksamen Regelung im Wege steht: den Streit um die Zuständigkeit. Logisch wäre es, diese Aufgabe der neu gegründeten EU-Behörde zur Wertpapieraufsicht zu übertragen, der »European Securities Markets Authority« (ESMA) mit Sitz in Paris. Aber schon jetzt ist absehbar, dass die nationalen Behörden und insbesondere die britische Financial Services Authority (FSA) sich mit allen Mitteln gegen eine solche Beschränkung ihrer Rolle stemmen werden. Schon der ebenfalls neu geschaffenen EU-Behörde für die Bankenaufsicht gestanden die Regierungen nur die Funktion als Koordinator für die nationalen Behörden zu. Im Fall der ESMA und der Regulierung des Derivatemarktes wird es daher vermutlich nicht anders ausgehen. Darum sei zu erwarten, dass die Kommission die Einführung von Positionsgrenzen zwar in ihrem Gesetzesvorschlag aufnehmen, deren Berechnung und

> **ESMA** steht für die »European Securities and Markets Authority«, die im Frühjahr 2011 neu geschaffene Aufsichtsbehörde für den Wertpapierhandel in der EU. Die Befugnisse der in Paris angesiedelten Behörde beschränken sich bisher jedoch auf die Koordinierung der Aufsichtsarbeit in den Mitgliedsländern. Die ESMA-Beamten haben keine direkten exekutiven Befugnisse.

Ausführung aber den nationalen Behörden überlassen werde, erklärte einer der beteiligten Beamten aus Barniers Ressort schon im März 2011.[178] Und so kam es dann auch. Der Vorschlag für die geplante Richtlinie, den die Kommission im Oktober 2011 vorlegte, ist genau so formuliert. Demnach sollte die ESMA die Verfügung von Positionsgrenzen lediglich »koordinieren«, während deren konkrete Festsetzung die nationalen Behörden übernehmen sollen. Zudem lässt der Entwurf offen, ob mit solchen Limits das Ausmaß der Rohstoffspekulation insgesamt zurückgedrängt werden soll oder ob sie lediglich verhindern sollen, dass einzelne Akteure den Markt manipulieren können.[179]

Bliebe es dabei, könnte die britische Finanzaufsicht alles beim Alten lassen, und London würde endgültig zum Zentrum des globalen Rohstoff-Kasinos aufsteigen, zumal die beteiligten Finanzunternehmen in den USA schon angekündigt haben, ihre Geschäfte nach Europa zu verlagern, wenn Amerikas Aufseher die dort geltenden Regeln verschärfen sollten.

Allerdings können Kommission und Ministerrat die Gesetze für den europäischen Binnenmarkt nicht ohne das EU-Parlament beschließen. Die große Mehrheit der Abgeordneten aber hatte sich ursprünglich schon mehrfach für eine Begrenzung der Rohstoffspekulation ausgesprochen. Parteiübergreifend forderten alle Fraktionen gemeinsam bereits im Februar 2011, die Kommission solle »die notwendigen Schritte unternehmen, um gegen die Exzesse der Spekulation auf den Rohstoffmärkten zu kämpfen«.[180] Bei der ersten Lesung der EMIR-Verordnung

Anfang Juni 2011 beschlossen die Abgeordneten sogar, der »Ausschluss von Finanzinstituten« von »der Zulassung zu den Rohstoffbörsen« sei zu prüfen, um eine »wirksame Begrenzung des ungesund hohen Handelsvolumens an den Rohstoffmärkten« zu erreichen.[181]

Hätten die EU-Parlamentarier an diesen Beschlüssen festgehalten und in die anstehende MiFID-Richtlinie übertragen, dann hätte Europa bereits im Herbst 2012 im weltweiten politischen Streit um die Rohstoffspekulation ein klares Zeichen setzen können. Aber die Arme der Finanzlobby reichen eben nicht nur in die Kommission und die Regierungen, sondern auch weit in die Reihen der Parlamentarier. Vor und hinter den Kulissen rangen die Abgeordneten des zuständigen Wirtschaftsausschusses denn auch fast ein Jahr lang um Änderungen am halbherzigen Entwurf der Kommission.

Wie weit die interessierte Lobby dabei mitmischte, demonstrierte der konservative deutsche Abgeordnete Werner Langen. Er brachte den Änderungsantrag Nummer 1091 ein, mit dem kurzerhand der ganze Artikel 59 der Richtlinie über die mögliche Einrichtung von Positionsgrenzen gestrichen werden sollte. Zur Begründung führte Langen an: »Die Verpflichtung auf das Setzen von Positionsgrenzen würde das Risikomanagement nicht-finanzieller Unternehmen gravierend beeinträchtigen. Absicherungsderivate stellen anerkanntermaßen keine Gefahr für die Stabilität der Finanzmärkte dar. Darüber hinaus haben die Marktbetreiber schon jetzt die Möglichkeit, fallweise Obergrenzen einzuführen, um einen funktionsfähigen Handel zu gewährleisten. Die verpflichtende Vorschrift würde den Handlungsspielraum und die Flexibilität der Handelsbetreiber unnötig beeinträchtigen, auf bestimmte Marktsituationen adäquat reagieren zu können.«[182] Bemerkenswert daran ist nicht nur Langens demonstrative Ignoranz gegenüber der weltweit geführten Debatte. Zugleich trug der Volksvertreter für den Europawahlbezirk nördliches Rheinland-Pfalz, dem Land des selbst im Rohstoffgeschäft aktiven BASF-Konzerns, offen zur Schau, wessen Interessen er sich verpflichtet fühlt. Denn seine Begründung entspricht wortgleich der Argumentation, die kurz zuvor eine Koalition des Börsenlobbyvereins »Deutsches Aktieninstitut« und des »Verbands Deutscher Treasurer« verschickt hatte. Letztere führen die bankähnlich aufgebauten Finanzabteilungen der großen deutschen Industriekonzerne, die häufig selbst auf Rohstoffpreise spekulieren und sich eben nicht auf bloße Absicherungsgeschäfte beschränken lassen wollen.[183]

So wie Langen hielten es viele Abgeordnete aus den konservativen und liberalen Fraktionen des Parlaments, indem sie sich für Änderungen stark machten, die Lobbyisten der Finanzbranche ihnen nahegelegt hatten. Umso schwerer war daher die Arbeit für den deutschen CSU-Abgeordneten Markus Ferber, den offiziellen »Berichterstatter«, wie die Euro-Parlamentarier ihre gewählten Wortführer nennen, die ein Gesetzgebungsverfahren für das Parlament koordinieren und die Verhandlungen mit dem Rat und der Kommission führen. Ferber wollte möglichst die konservativ-liberale Mehrheit des Parlaments für seine Vorschläge gewinnen und lavierte daher zwischen allen Fronten. Die einzige wirklich wirksame Maßnahme, das Verbot von Kapitalanlagefonds zur Rohstoffspekulation, gerade auch für institutionelle Anleger, wie sie die Linke und Sozialdemokraten forderten, fand daher keinen Eingang in seinen Vorschlag und hatte von vorneherein keine Chance auf eine Mehrheit.

Dabei wollte Ferber eigentlich sehr wohl gegen die Spekulation vorgehen. Die »exzessive Spekulation auf Rohstoffe und Nahrungsmittel« bedrohe »die ordnungsgemäße Funktion der Terminbörsen« und erzeuge »massive Preisschwankungen«, warnte er noch im März 2012. Diese müsse »ganz sicher eingeschränkt werden«.[184] Doch bei der Umsetzung seiner Forderung beschränkte er sich in seinem Abschlussbericht lediglich auf die Verpflichtung der Rohstoffbörsen zur Durchsetzung von Positionsgrenzen, die vorab festgesetzt werden sollen. Weil Grüne, Linke und Sozialdemokraten dies ohnehin unterstützten und viele Konservative zumindest formal den Mahnungen der kirchlichen Hilfsorganisationen folgen wollten, unterstützte im Oktober 2012 eine Mehrheit des Europaparlaments diese Forderung schließlich mit einer vorläufigen Abstimmung.[185]

Ob damit die Rohstoffspekulation über die Terminbörsen wirksam eingeschränkt wird, ist aber höchst fraglich. Nicht nur war bei Redaktionsschluss für dieses Buch noch völlig offen, ob der Rat der Finanzminister dem Votum des Parlaments gegen den Willen der britischen Regierung folgen wird. Zudem lässt der Parlamentsbeschluss entscheidende Punkte ungeklärt und eröffnet der Finanz- und Rohstoffindustrie zahlreiche Schlupflöcher. So ist nicht festgelegt, ob – so wie in den USA – der außerbörsliche Handel mit Rohstoffderivaten, der Over-the-Counter-Handel (OTC) von der Pflicht zur Berichterstattung der gehaltenen Positionen und deren Begrenzung überhaupt erfasst werden soll. Bleibt es dabei, könnten die Banken die Kapitalanlage in Rohstoffwetten einfach auf dieser Ebene weiterlaufen lassen und ihre Absicherung an den Terminbörsen über viele kleinere Brokerfirmen organisieren, ohne selbst die Positionsgrenzen zu verletzen, ganz gleich wie eng sie gesetzt werden. Auch stellt der Parlamentsvorschlag nicht klar, ob bei der Aufsicht über die Rohstoffwetten an den Börsen tatsächlich alle Kontrakte über die gesamte Terminkurve erfasst werden sollen. Zu berichten sei nur, so heißt es vage, über »eine bestimmte Periode«, was immer das heißen soll. Gleichzeitig sieht der Beschluss gar nicht vor, den Anteil der Finanzspekulation am Geschehen auf den Rohstoffbörsen zurückzudrängen. Die Gesamtmenge der zu rein finanziellen Zwecken gehandelten Terminkontrakte könnte sogar noch steigen, solange die einzelnen Akteure die individuellen Obergrenzen nicht überschreiten. Ähnlich wie in den USA könnte sich in der Folge das Geschäft lediglich auf mehr Finanzfirmen verteilen, ohne dass der preisverzerrende Herdentrieb der Anleger eingeschränkt würde.

Noch schwerer wiegt, dass die konkrete Ausgestaltung der Positionsgrenzen der Europäischen Wertpapierbehörde ESMA in Paris überlassen werden soll. Dies aber öffnet der Finanzlobby Tür und Tor, das ganze Verfahren wirkungslos zu machen. Die Weichen dafür sind längst gestellt. So setzte die ESMA bereits eine »task force« zur Ausarbeitung des Positionsregimes ein, deren Leitung ausgerechnet dem geschäftsführenden Direktor der britischen Aufsichtsbehörde FSA obliegt, jener Behörde also, die offensiv die Begrenzung der Rohstoffspekulation ablehnt. Parallel dazu berief die ESMA-Leitung ein Beratungsgremium. Dessen 19 Mitglieder sind aber ausschließlich Vertreter der beteiligten Finanz- und Rohstoffkonzerne. So sind mit dem Justiziar Holger Hartenfels für die Deutsche Bank, dem Direktor des Globalen Rohstoffindex-Handels Robert Shimmell für den Fondsmulti Blackrock und dem Manager Tony Ricci für die britische Investmentbank Barclays gleich drei der größten Player am Markt für Rohstoffderivate vertreten. Ihnen zur Seite stehen die Abgesandten von Energie- und Agrarhandelskonzernen wie etwa Marc Cornelius für den Ölriesen BP oder der Raiffeisen-Lobbyist Volker Petersen, der sich auch bei den Anhörungen im Bundestag schon für die unbeschränkte Spekulation ausgesprochen hatte, weil daran auch die Raiffeisen-Unternehmen gut verdienen.[186] Auf die Idee, auch nur wenigstens einen der vielen Experten und Wissenschaftler zu berufen, die dem Geschäft kritisch gegenüberstehen, sind Europas höchste Aufseher für die Wertpapiermärkte wohl gar nicht erst gekommen.

So ist absehbar, dass sich auch mit der EU-Reform – ähnlich wie in den USA – an der Praxis des Missbrauchs der Rohstoffmärkte für Kapitalanlagen fast nichts ändern wird. Die Preisspekulation auf Kosten der Ärmsten wird vermutlich noch für Jahre ungebremst weiter laufen – ein Vorgang, der Millionen Krankheit und Tod bringen kann.

5 Ausblick – Wenn die Politik versagt …

Im Juli 2012 war es wieder so weit. Infolge einer anhaltenden Dürre im Mittleren Westen der USA drohte die amerikanische Maisernte um 18 und jene von Soja um 16 Prozent gegenüber dem Vorjahr zu fallen. Das war gewiss ein ernster Grund zur Sorge und ließ eine Preissteigerung für Getreide erwarten. Doch die Preise stiegen nicht, sie explodierten. Von Juni bis Mitte August wurde Mais für den jeweils nächsten Liefermonat an der Börse in Chicago um fast 60 Prozent teurer, Soja legte um mehr als 30 Prozent zu, und selbst der Preis für Weizen, bei dem die Versorgungslage als ausreichend galt, sprang um knapp 50 Prozent nach oben – und das lag ganz sicher nicht allein an den Vorratskäufen der Verarbeiter.

Denn wieder, so wie schon in den Jahren 2008 und 2010, nahmen Kapitalanleger die schlechten Nachrichten zum Anlass, um im großen Stil an den Terminbörsen die Nahrungsmittelpreise und mit ihnen ihre Gewinne nach oben zu treiben. Binnen sechs Wochen vom 20. Juni bis Anfang August zeichneten spekulative Anleger allein für Mais Kontrakte im Wert von mehr als acht Milliarden Dollar, berichtete die US-Aufsichtsbehörde CFTC. Ganz vorne mit dabei waren erneut börsengehandelte Publikumsfonds (ETF). So verfünffachte etwa der amerikanische Fondsanbieter Teuricum das Anlage-Volumen seines Mais-ETFs.[187] Mangels Berichtspflicht liegen vergleichbare Daten aus Europa nicht vor, aber auch dort zogen die Börsenpreise stark an.

Dafür sorgten nicht zuletzt auch die fünf großen Getreidehandelskonzerne, die längst nicht mehr nur mit den Preisdifferenzen im physischen Handel ihre Gewinne erzielen, sondern parallel dazu auch das Geschehen an den Börsen mitbestimmen.[188] So können sie ihre Vorräte gleich doppelt vergolden. Indem ihre Banktöchter und Fondgesellschaften dazu beitragen, Kapital auf die Terminbörsen zu leiten, treiben sie dort die Preise, können an den Kursgewinnen teilhaben und am Ende auch im physischen Handel überhöhte Preise erzielen. Ganz freimütig bekannte denn auch Chris Mahoney, Chef der Agrarabteilung beim Rohstoffkonzern Glencore, die US-Dürre sei »gut für Glencore«. »Hohe Preise, eine Menge Preisschwankungen und Verwerfungen« brächten »eine Menge Arbitrage-Möglichkeiten«, frohlockte Mahoney bei einer Telefonkonferenz für Finanzanalysten.[189] Die anderen Mitglieder des globalen Getreideoligopols verzichteten auf derlei Bekundungen, umso aussagekräftiger fielen ihre Bilanzen aus. So gab der Bunge-Konzern, die Nummer zwei im Getreidegeschäft, eine Verdopplung des Gewinns gegenüber dem Vorjahr bekannt.[190]

Während Händler, Banken und Anleger ihre Profite feierten, trieb die absichtlich angetriebene Preisspirale andernorts Millionen Menschen noch tiefer in die Not. Denn mit den Börsenkursen für Terminkontrakte steigen auch die Preise für physisch gehandeltes Getreide – mit Ausnahme des von der Finanzspekulation kaum erfassten Reishandels – drastisch an. So kosteten die für viele afrikanische Länder wichtigen Weizenlieferungen aus Europa im November 2012 rund 350 Dollar pro Tonne, 83 Dollar mehr als ein Jahr zuvor. Amerikanisches oder argentinisches Soja war sogar mehr 100 Dollar pro Tonne teurer als ein Jahr zuvor.[191] Der Preisschub bedrohe »die Gesundheit und das Wohlergehen von Millionen Menschen«, warnte darum Weltbank-Präsident Jim Yong Kim.[192]

Doch die selbsternannten Weltenlenker der G20-Gruppe sahen dem Treiben erneut tatenlos zu. Vier Jahre sind seit der großen Hungerkrise des Jahres 2008 vergangen, aber weder die Regierungen Europas noch die der Vereinigten Staaten waren in der Lage, der Rohstoffspekulation entgegenzutreten und damit die Not der Hungernden zu lindern. Um das mögliche Missverständnis noch einmal deutlich auszuräumen: Das massenhafte Wettgeschäft auf Rohstoffpreise ist gewiss nicht die einzige und auch nicht die wichtigste Ursache für den grausamen Skandal, dass noch immer mehr als 800 Millionen Menschen hungern müssen, obwohl es genügend Nahrungsmittel auf der Welt gibt. Aber es gibt überwältigend viele Indizien dafür, dass der Missbrauch der Rohstoffbörsen für die Kapitalanlage die Preise über lange Phasen weit höher treibt, als es nötig wäre. Zugleich wäre aber gerade dieser Beitrag zur permanenten Hungerkatastrophe am leichtesten abzustellen. Das Verbot oder zumindest die Beschränkung der Rohstoffspekulation würde nichts kosten und auch keinerlei schädliche ökonomische Folgen nach sich ziehen. Schließlich geht es nur um Wetten ohne jeden volkswirtschaftlichen Nutzen.

Gerade darum ist die Tatsache, dass dieses Geschäft bis heute ungebremst läuft, ein ungeheuerlicher Vorgang. Die UN-Vollversammlung, der Generalsekretär der UN-Agrarorganisation FAO, der UN-Sonderbeauftragte für das Recht auf Nahrung, der EU-Binnenmarktkommissar, der US-Präsident, der frühere französische Präsident – all diese Institutionen und führenden Persönlichkeiten haben in den vergangenen vier Jahren ausdrücklich Maßnahmen gegen die exzessive Rohstoffspekulation gefordert. Es gab Dutzende von Anhörungen in den Parlamenten, es liegen mehr als 100 wissenschaftliche Arbeiten von Experten aus angesehenen Universitäten, Zentralbanken und Regierungseinrichtungen vor, die höchsten wissenschaftlichen Standards genügen und den Einfluss der Spekulation auf die Rohstoffpreise nachweisen.[193] Sogar die Analysten der Finanzbranche selbst weisen regelmäßig darauf hin, dass die Spekulation zumindest die Rohölpreise treibt – allerdings ohne je zu erklären, warum die gleiche Mechanik bei Agrarrohstoffen nicht genauso wirken soll.

Vor diesem Hintergrund »ist es eine regelrechte Machtde-monstration der Finanzindustrie, dass es ihr bis heute gelingt, jede wirksame Gegenmaßnahme zu verhindern«, beklagte zu Recht Markus Henn, der Finanzmarktexperte der entwick-lungspolitischen Denkfabrik WEED. Und die Verantwortlichen in Regierungsämtern und Aufsichtbehörden machen sich mit-schuldig, indem sie nicht dagegen vorgehen. De facto handelt es sich um eine Massentötung durch Nichthandeln und unterlas-sene Hilfeleistung – und einen klaren Verstoß gegen europäi-sches Recht. Im Vertrag von Lissabon, der derzeit gültigen Ver-fassung der Europäischen Union, ist das Vorsorgeprinzip als konstitutives Element verankert. Es schreibt präventives Han-deln zum Schutz von Leib und Leben vor, auch wenn noch keine letzte wissenschaftliche Klarheit über den kausalen Zu-sammenhang zwischen dem zu bekämpfenden Missstand und den möglichen Folgen für die Gesundheit der Menschen be-steht.

Umso wichtiger ist es, weiterhin jeden möglichen Druck auf die Politik und die Akteure bei Banken und Fondsgesellschaf-ten auszuüben. Im Vorlauf zur – vorerst wirkungslosen – EU-Reform des Handels mit Rohstoffderivaten hat sich bereits eine EU-weite, schlagkräftige Allianz von Aktivisten aus einem brei-ten Spektrum von Organisationen zusammengefunden, das von der katholischen Arbeitnehmerbewegung über zahlreiche kirchliche und entwicklungspolitische Gruppen bis hin zu den Kampagnen-Experten von Campact reicht. In einem nächsten Schritt könnte das Bündnis nun versuchen, die Kunden der be-teiligten Finanzkonzerne zu mobilisieren. Schließlich haben es jeder Bürger, jede Bürgerin selbst in der Hand, zu entscheiden, wo und von wem sie ihr Geld verwalten lassen. Niemand muss seine Versicherungen mit dem Allianz-Konzern abschließen. Niemand muss ein Konto bei der Deutschen Bank oder ihrer Tochtergesellschaft, der Postbank, führen. Würden auch nur fünf Prozent der Kunden dieser beiden Geldriesen ihren Beratern mitteilen, dass sie das Festhalten am potentiell schädlichen Rohstoffgeschäft für unmoralisch halten und sie ihre Geschäfte auch mit anderen Banken und Versicherungen machen können, so würde das gewiss ausreichen, eine Änderung der Konzernpolitik herbeizuführen. Das breite Echo, das die Debatte um die Spekulation auf Agrarpreise gerade auch in konservativen Kreisen gefunden hat, zeigt an, dass es potentiell viele Unterstützer für eine solche Mobilisierung gibt.

Josef Ackermann schrieb: »Kein Geschäft« sei »es wert, den guten Ruf der Deutschen Bank aufs Spiel zu setzen«. Damit demonstrierte er nur, dass er – genauso wie die meisten seiner Kollegen – nicht verstanden hat, worum es eigentlich geht. Richtig müsste es heißen: Kein Geschäft ist es wert, dass auch nur ein Mensch zusätzlich deswegen Hunger leiden muss. Das gilt es, den Verantwortlichen klarzumachen.

Anhang

Anmerkungen

1 Eine Übersicht über die Studienlage gibt die von Markus Henn (Weed) zusammengestellte Liste »Evidence on the Negative Impact of Commodity Speculation by Academics, Analysts and Public Institutions«, siehe: http://www2.weed-online.org/uploads/evidence_on_impact_of_commodity_speculation.pdf

2 Die Studie wurde in Auftrag gegeben von den Organisationen Misereor, Oxfam und Weed. Siehe: http://www.oxfam.de/factsheet-deutsche-bank

3 Expertengespräch im Ausschuss für Wirtschaftliche Zusammenarbeit und Entwicklung des Deutschen Bundestags, 27. Juni 2012, Stellungnahme von David Folkerts-Landau, Deutsche Bank.

4 FAO Food Price Index Juli 2012, http://www.fao.org/worldfood-situation/wfs-home/foodpricesindex/en/

5 »World Bank chief warns on food threat«, Financial Times, 14. 4. 2011.

6 »Commodity prices threaten Africa's recovery«, Financial Times, 8. 5. 2011.

7 Welthungerhilfe, Brennpunkt Nahrungsmittelpreise, Februar 2011, Bonn.

8 The Commodity Investor, Hold on …, Barclays Capital Commodity Research, April 2011, London.

9 »French anger at speculators hits G20 hopes«, Financial Times, 3. 2. 2011.

10 Siehe z. B. Peter Wahl, »Spekulation untergräbt das Recht auf Nahrung«, World Ecology, Economy and Development (WEED), 19. 9. 2008, Berlin, http://www.weed-online.org/themen/finanzen/1834223.html#note9

11 Steve Strongin, Letter to the Editor, Harper's Magazine, 8. 7. 2010.

12 Tobias Reichert, Wirkungen der Europäischen Agrarpolitik auf die Ernährungssicherheit in Entwicklungsländern mit Schwerpunkt Afrika, Studie für Misereor, 2010, Aachen.

13 Barclays Capital, Commodity Cross Currents, 24. 2. 2011.

14 Siehe z. B. Hermann Unterstöger, Der allererste Spekulant, Süddeutsche Zeitung, 9. 12. 2008.

15 Dieser kurze Abriss der Geschichte der Getreide-Spekulation beruht im Wesentlichen auf der Darstellung von Ann Berg, The rise of commodity speculation, from villanious to venerable, in: Adam Prakash, FAO (Hg.), Safegarding Food Security in volatile Global Markets, Rom, 2011.

16 Wann jeweils eine spekulative Übertreibung erreicht wird, ist vorab niemals eindeutig zu definieren, sondern stets erst feststellbar, wenn die Preise plötzlich stark einbrechen, obwohl sich am Verhältnis von Angebot und Nachfrage für die physischen Waren nichts oder nur wenig geändert hat. Die Wahrscheinlichkeit für die Bildung solcher Blasen steigt aber, je höher der Anteil jener am Future-Handel ist, die nur aus finanziellen Gründen im Terminmarkt handeln und an der physischen Ware gar kein Interesse haben.

17 Neben den Futures gibt es auch Optionen, das heißt Finanzinstrumente, mit denen der Käufer die Möglichkeit erwirbt, zu einem bestimmten Termin zu kaufen oder zu verkaufen, dies aber nicht verpflichtend ist. Der Einfachheit halber ist hier nur der Future-Handel beschrieben.

18 Ende der 70er Jahre hob die CFTC die Grenze auf 600 Kontrakte und drei Millionen Bushel an. Erst nach 1990 wurden die Grenzen in mehreren Stufen weiter heraufgesetzt.

19 Zwar operieren die Anlagestrategen stets auf Basis von unendlich vielen Informationen. Ihre Arbeitsplätze sind gespickt mit Bildschirmen, die pausenlos Finanznachrichten aller Art liefern. Notenbankentscheidungen, Unternehmenspleiten, Verbrauchertrends, Ölpreise, Terroranschläge, auch das Wetter – alles kann die Kurse beeinflussen. Doch letztlich ist es gleich, ob die jeweiligen Analysen tatsächlich fundiert sind oder nicht. Für die Akteure

zählt auch nicht, was sie selbst darüber denken. »Entscheidend ist die Erwartung darüber, was die anderen denken«, räumt jeder Händler auf Nachfrage sofort ein. Denn es ist die Summe aller Urteile, die am Ende den Kurs bestimmt. Im Ergebnis legen Tausende hochqualifizierter Finanzexperten rund um den Globus das Geld ihrer Auftraggeber nach dem Lemming-Prinzip an: Immer mit der Masse gehen, sonst droht Verlust. So folgt jeder einzelne Fondsmanager oder Vermögensverwalter individuell durchaus rationalem Kalkül. Aber im Kollektiv folgt die elektronische Händlerarmee einer Mechanik aus Gier und Angst, die regelmäßig vollkommen irrationale Bewertungen hervorbringt – ein Phänomen, das Ökonomen gerne verharmlosend als »Überschießen der Märkte« bezeichnen.

20 Gespräch mit dem Autor, 28. 3. 2011.

21 Nach Angaben der CFTC, siehe: David Frenk u. a., Stellungnahmen zum Vorschlag der CFTC für neue Positionslimits, Washington, 2011, http://www.bettermarkets.com/assets/pdf/CL-CFTC-PL-Final.pdf

22 2007 verkaufte Goldman Sachs die Index-Marke an die Finanzberatungs- und Rating-Gesellschaft Standard & Poors. Seitdem firmiert der Index offiziell unter S&P GSCI, wird aber hier der Einfachheit halber weiter als GSCI bezeichnet.

23 Gary Gorton, K. Geert Rouwenhorst, Facts and Fantasies about Commodity Futures, Juni 2004, New Haven.

24 Zitiert nach: Peter Robison, Asjylyn Loder, Alan Bjerga, Amber Waves of Pain, Business Week, 22. 6. 2010.

25 Neben dem GSCI etablierte sich vor allem der Dow Jones UBS-Index, die gemeinsam die Richtschnur für etwa zwei Drittel aller Rohstoff-Index-Investments bilden. Marktrelevant sind außerdem der Reuters Jeffreys-Index und der Rogers International Commodities Index (RICI). Die jeweiligen Rohstoffkörbe unterscheiden sich in der Gewichtung der einzelnen Rohstoffe und weisen daher unterschiedliche Kursentwicklungen auf.

26 Für Pensionsfonds oder Versicherungen haben die Anlagen in Rohstoff-Indizes in der Regel die Form eines auf ihre Bedürfnisse zugeschnittenen Arrangements (»Swaps«). Dieses Arrangement

hat für die institutionellen Investoren den Vorteil, dass sie anders als die Anleger in börsengehandelten Rohstoff-Fonds nicht den gesamten nominellen Wert der am Rohstoffmarkt zu investierenden Summe einzahlen müssen. Weil die Banken dabei keine Sicherheit für mögliche Verluste bei den Future-Käufen haben, verkaufen sie die Swaps auf Rohstoff-Indizes nur an institutionelle Investoren, die mit ihrem Vermögen jederzeit für Verluste haften können. Dabei zahlt die Bank den Investoren den Gewinn, der sich bei einer positiven Entwicklung des Indexwertes ergibt. Entwickelt sich der Indexwert negativ, muss der Swap-Käufer der Bank den Verlust erstatten. Im Gegenzug erhält die Bank von dem Swap-Käufer die Zinsen, die sich aus einer Anlage der gleichen nominellen Summe in kurz laufenden Staatsanleihen ergeben würden plus einer Managementgebühr von ein bis zwei Prozent dieser Summe.

27 Zitiert nach: Taking Hard New Look at Greenspan Legacy, New York Times, 9. 10. 2008.

28 Convenience proves a big attraction, Financial Times, 3. 6. 2011.

29 Deutsche Bank, Power Shares DB Commodity Index Tracking Fund, Annual Report 2011, und: Power Shares DB Agriculture Fund, Annual Report 2011, New York.

30 Die Studie wurde in Auftrag gegeben von den Organisationen Misereor, Oxfam und Weed. Siehe: http://www.oxfam.de/factsheet-deutsche-bank

31 PIMCO Commodity Real Return Strategy Fund, Annual Report, 31. März 2012. Der Fonds orientiert sich in seiner Anlage am DJUBS-Commodity Index, dessen Agaranteil bei rund 35 % liegt.

32 Oxfam, Mit Essen spielt man nicht, Berlin, 2012.

33 Das gilt im wahren Sinne allerdings nur für ETCs, die auf Edelmetalle laufen. ETCs auf Energie- oder Agrarrohstoffe verfügen meist auch nur über Edelmetalle als Sicherheit, während sich die Kursentwicklung nach den Future-Preisen richtet, die die Banken wiederum selbst erwerben oder per Swap bei Dritten halten muss, um nicht selbst das Kursrisiko zu tragen.

34 Weil es kein an die Zertifikate gekoppeltes Fondsvermögen gibt, gehen die Anleger damit allerdings auch das Risiko ein, dass ihr

Geld verloren ist, wenn die emittierende Bank in Konkurs geht, wie es im Fall der Zertifikate von Lehman Brothers bei der Pleite der Bank im September 2008 geschah.

35 Im Interview mit Mark Robinson in der Sendung Bubble Trouble?, BBC, 8. 6. 2011.

36 Peter Robison, Asjylyn Loder, Alan Bjerga, Amber Waves of Pain, Business Week, 22. 6. 2010.

37 »Es gibt keinen Big Bang«, Interview Süddeutsche Zeitung, 16. 3. 2011.

38 Investors rush to hedge against inflation threat, Financial Times, 16. 2. 2011.

39 Barclays Capital, Commodities Research, April 2011.

40 Morning markets: ›buy commodities mentality‹ supports crops Agrimoney, 7. 4. 2011.

41 Allianz Global Investors, Agrartrends: (Saat-)Gut fürs Depot, März 2008, München.

42 Bank für Internationalen Zahlungsausgleich, OTC derivatives market activity in the second half of 2011, Basel, 2012.

43 Mit diesem Begriff beschrieb die UN-Handelsorganisation UNCTAD die wachsende Durchdringung des Rohstoffgeschäfts durch Finanzinvestoren. Siehe: UNCTAD, The Global Economic Crisis: Systemic Failures and Multilateral Remedies, Chapter III, Genf, 2009.

44 Goldman Sachs, Annual Report 2009, New York.

45 Deutsche Bank, Jahresbericht 2011, Lagebericht, S. 19, und: BarCap hit in commodities trading jostle, Financial Times, 1. 3. 2012.

46 BarCap hit in commodities trading jostle, Financial Times, 1. 3. 2012.

47 Big Banks Cash In on Commodities, Wall Street Journal, 2. 6. 2011.

48 Volatile Markets lift profits on Wall Street, Financial Times Commodity Notes, 3. 5. 2011.

49 Steve Strongin, Letter to the Editor, Harpers Magazine, 8. 7. 2010.

50 Roger Jones, Commodity super-cycle is back in full swing, Financial Times, 1. 2. 2011.

51 Zitate aus Beiträgen zur Konferenz der EU-Kommission: Commodities and Raw Materials, Challenges and Policy Responses, 14. 6. 2011, Brüssel.

52 Interview BBC, 14. 2. 2011, und: U. S. Senate Committee on Agriculture, Nutrition and Forestry, Oversight Hearing: Implementation of Title VII of the Dodd-Frank Wall Street Reform Act, 3. 3. 2011.

53 Diese enthalten zwar nur Daten über die an den US-Börsen gehandelten Futures. Aber deren Anteil an den weltweiten Umsätzen beträgt rund zwei Drittel, darum sind sie auch im globalen Maßstab weitgehend repräsentativ.

54 Einschließlich der sogenannten Spread-Positionen, bei denen Händler eine Long-Position in einem Monat mit einer Short-Position in einem weiteren Monat kombinieren und so auf eine gegenläufige Preisentwicklung zwischen beiden Kontrakten wetten.

55 Daten und Graphik auf Basis der COT-Daten, zusammengestellt von David Frenk u.a, Position Limits for Derivatives, Stellungnahme für die CFTC, 28. 3. 2011, Washington http://www.bettermarkets.com/assets/pdf/CL-CFTC-PL-Final.pdf

56 Hans H. Bass, Finanzmärkte als Hungerverursacher?, Studie für die Welthungerhilfe, Bonn, 2011.

57 Testimony of Michael W. Masters, Masters Capital Management, LLC, vor dem Committee on Homeland Security and Governmental Affairs, United States Senate, 20. 5. 2008

58 Zitiert nach: Global food crisis: the speculators playing with our daily bread, Guardian, 12. 6. 2011.

59 Zitiert nach: Soros sounds alarm on ›oil bubble‹, Financial Times, 3. 6. 2008.

60 Bart Chilton, Opening Remarks to the Futures Industry Association's Panel Discussion: Financial Investors' Impact on Commodity Prices, 16. 3. 2011, Boca Raton, Florida.

61 Gespräch mit dem Autor in Washington, 3. 5. 11.

62 Stephan Schulmeister, Österreichisches Institut für Wirtschaftsforschung, Trading Practices and Price Dynamics in Commodity Markets and the Stabilising Effects of a Transaction Tax, Januar 2009, Wien.

63 Gespräch mit dem Autor in Washington, 3. 5. 2011.

64 Commission of the European Communities, Agricultural commodity derivative markets: the way ahead, Commission Staff Working Document, 28. 10. 2009, Brüssel.

65 Ben Hirst, Delta Air Lines, Anhörung bei der CFTC, 28. 7. 2009, Washington.

66 David Berg, Vice-President Air Transport Association, in einem Brief an die CFTC, 23. 4. 2010, Washington.

67 Interview CNBC, 6. 4. 2011.

68 Companies Hedge Bets at a Cost to Consumers, New York Times, 5. 5. 2011.

69 Results, Unternehmer-Magazin der Deutschen Bank, Rohstoff-preise gestalten, Sonderdruck November 2010, Frankfurt.

70 Paul Krugman, Speculative Nonsens, New York Times, 23. 6. 2008.

71 Steffen J. Roth, Hunger stillt man nicht durch Regulierung, Süd-deutsche Zeitung, 29. 3. 2011.

72 Dokumentiert in: David Frenk u.a, Position Limits for Deriva-tives, Stellungnahme für die CFTC, 28. 3. 2011, Washington.

73 Manuel Hernandez, Maximo Torrero, Examining the Dynamic Relationship between Spot and Future Prices of Agricultural Commodities, IFPRI Discussion Paper 00988, June 2010, Washington.

74 Olivier de Schutter, Food Commodities Speculation and Food Price Crises, Briefing Note 2, September 2010, Brüssel.

75 Interview veröffentlicht in Stern.de, 3. 7. 2008.

76 UNCTAD, Task Force on Systemic Issues and Economic Coopera-tion, The Global Economic Crisis: Systemic Failures and Multi-lateral Remedies, Kapitel III, 2009, Genf.

77 Farmers look to earn their corn with new storage bins, Financial Times, 6. 4. 2011.

78 United States Senate, Permanent Subcommittee on Investigations, Excessive Speculation on the Wheat Market, 24. 6. 2009, Washing-ton.

79 Stratégie Grains, Ausgabe 221, 12. 5. 2011.

80 Russia grain losses exaggerated, Agrimoney, 6. 6. 2011.

81 Gespräch mit dem Autor, 17. 3. 2011.

82 Steve Strongin, Letter to the Editor, Harper's Magazine, 8. 6. 2010, New York.

83 Zitiert nach: Commodities daily: Spectres of speculation, Financial Times, 28. 1. 2011.

84 Pension funds mull ethics of commodity investments, Reuters, 22. 6. 2011.

85 Scott. H. Irwin, Dwight R. Sanders, The Impact of Index and Swap Funds on Commodity Futures Markets, OECD Food, Agriculture and Fisheries Working Papers, No. 27, OECD Publishing. doi: 10.1787 / 5kmd40wl1t5f-en, 2010, Paris.

86 Ebd.

87 David Frenk, Review of Irwin and Sanders 2010 OECD Reports, Better Markets, Juni 2010, Washington.

88 Kenneth J. Singleton, Investor Flows and the 2008 Boom / Bust in Oil Prices, 23. 3. 2011, Stanford.

89 Christopher L. Gilbert, How to Understand High Food Prices, Journal of Agricultural Economics, Vol. 61, No. 2, 2010.

90 M. Lagi, Yavni Bar-Yam, K. Z. Bertrand, Yaneer Bar-Yam, The Food Crises: A Quantitative Model of Food Prices Including Speculators and Ethanol Conversion. New England Complex Systems Institute, September 2011, Cambridge.

91 Gespräch mit dem Autor, 3. 5. 2011, Washington.

92 Ebd.

93 John Baffes, Tassios Haniotis, Placing the 2006 / 08 Commodity Price Boom into Perspective, Policy Research Working Paper 5371, Worldbank, Juli 2010, Washington.

94 Gespräch mit dem Autor, 16. 3. 2011, Brüssel.

95 US Department of Energy, World Oil Balance 2004– 2008, 13. 1. 2009.

96 Europäische Zentralbank, Do Financial Investors destabilize the Oil Price? Working Paper Series 1346, Juni 2011, Frankfurt.

97 Shockwaves from Saudi's crude statistics, Financial Times, 19. 4. 2011.

98 Goldman Sachs, Global Energy Weekly, 21. 3. 2011.

99 Exxon chief on supply, demand and $120 crude, Financial Times, 20. 4. 2011.

100 Rex Tillerson bei einer Anhörung vor dem Finanzausschuss des US-Senats am 12. 4. 2011, siehe: http://www.youtube.com/watch?v=LY420_U4U0I

101 »We're All Leveraged to the Price of Crude«, Interview veröffent-licht bei: http://www.heatingoil.com/blog/%E2%80%9Cwe%E2%80%99re-all-leveraged-by-the-price-of-crude%E2%80%9D-an-insider-explains-how-the-financial-industry-is-driving-up-gas-and-heating-oil-prices0310/

102 Paul Krugman, Grains gone wild, New York Times, 7. 4. 2008.

103 FAO, The state of Agriculture Commodity Markets, 2009, Rom.

104 John Baffes, Tassios Haniotis, Placing the 2006/08 Commodity Price Boom into Perspective, Policy Research Working Paper 5371, Worldbank, Juli 2010, Washington.

105 Nach Daten des International Grains Council, siehe: http://www.igc.int/en/grainsupdate/sd.aspx?crop=Totalg

106 Ke Tang, Wei Xiong, Index Investment and the Financialization of Commodities, NBER Working Paper Series, No.16385, September 2010, Washington.

107 ›Scary‹ copper, wheat price tie gives clue to rout, Agrimoney.com, 6. 5. 2011.

108 Yasunari Inamura, Tomonori Kimata, Takeshi Kimura, Takashi Muto, Recent Surge in Global Commodity Prices: Impact of financialization of commodities and globally accommodative monetary conditions, Bank of Japan Review, März 2011, Tokio.

109 Investment: The Fed flood slows to a trickle, Financial Times, 12. 6. 2011.

110 Commodity Assets Under Management Climb to Record, Barclays Capital Says, Bloomberg, 26. 11. 2010.

111 Siehe z. B. den Bericht an die SEC zum Powershares DB Agri-cultural Fund für das Jahr 2010, zu finden unter: http://sec.gov/Archives/edgar/data/1367306/000119312511050037/d10k.htm

112 Barclays Capital, The Commodities Investor, 29. 2. 2012.

113 Goldman triggers commodity retreat, Financial Times 12. 4. 2011.

114 Evening markets: falling tide exposes crop price landmarks, Agri-money, 12. 4. 2011.

115 Christopher Gilbert, Speculative Influences on Commodity Prices, Unctad Discussion Papers 197, März 2010, Genf.

116 Hans H. Bass, Finanzmärkte als Hungerverursacher?, Studie für die Welthungerhilfe, 2011, Bonn.

117 Hohe Nahrungsmittelpreise beherrschen Weltbank-Gespräche, Dow Jones, 14. 4. 2008.

118 So Rafael Schneider, Referent für Entwicklungspolitik der Welthungerhilfe, bei der Anhörung des Ausschusses für Ernährung und Landwirtschaft im Bundestag am 27. 6. 2011.

119 Sarkozy lays out G20 agenda, targets commodities, Reuters, 24. 1. 2011.

120 G20 too divided to back tough curbs on speculators, Reuters, 14. 2. 2011.

121 Chronic hunger to affect 1 bn people, Financial Times, 15. 2. 2011.

122 Consejo Agropecuario del Sur, Ministros de Agricultura de seis países anuncian estratégia para enfrentar tentativa de controle de preços, 4. 5. 2011, Brasilia.

123 Department for Environment, Food and Rural Affairs, Joint declaration of Brazil and UK Agriculture ministers, 8. 4. 2011, Brasilia, London.

124 HM Treasury, UK response to the Commission Services consultation on the Review of the Markets in Financial Instruments Directive (MiFID), 22. 2. 2011, Brüssel.

125 Aigner will Spekulation mit Agrarrohstoffen eindämmen, Financial Times Deutschland, 20. 1. 2011.

126 Schäuble fordert Rohstoffregeln, Manager-Magazin.de, 21. 4. 2010.

127 Brüderle sieht Rohstoffspekulation als Thema der Politik, Dow Jones, 26. 10. 2010.

128 Bundesministerium für Ernährung, Landwirtschaft und Verbraucherschutz, Preisvolatilität und Spekulation auf den Märkten für Agrarrohstoffe, 8. 7. 2011, Berlin.

129 Mündliches Statement bei der Anhörung vor dem Ausschuss für Ernährung, Landwirtschaft und Verbraucherschutz des Bundestages, 27. 6. 2011.

130 Volker Petersen, Stellungnahme des Deutschen Raiffeisenverbandes zu den Fragen der Fraktionen für die öffentliche Anhörung »Spekulationen mit agrarischen Rohstoffen verhindern«, 27. 6. 2011.

131 Russia, France urge action on volatile commodities, Reuters, 5. 4. 2011.

132 Commodity Price Swings Seen Threatening World Recovery, Needing Regulation, Bloomberg, 14. 4. 2011.

133 Allerdings nur dann, wenn es auch eine klare Berichtspflicht für die Agrarkonzerne und deren Lagerbestände gibt.

134 Ministerial Declaration, Action Plan on Food Price Volatility and Agriculture, Meeting of G20 Agriculture Ministers, 22. / 23. 6. 2011, Paris.

135 IOSCO, Principles for the Regulation and Supervision of Commodity Derivatives Markets Final Report, September 2011.

136 Ilse Aigner warnt vor Unruhen, Tagesspiegel, 22. 6. 2011.

137 Obama blames speculators for oil price rises, Financial Times, 19. 4. 2011.

138 Dodd-Frank Act § 737(a)(3)(A).

139 Center for Responsive Politics, Public Citizen, Banking on Connections, Juni 2010, Washington.

140 Nach Angaben des Center for Responsive Politics, das als zuverlässige Quelle für Daten zur Wahlkampffinanzierung gilt. Siehe: www.opensecrets.org

141 U.S. Regulators Face Budget Pinch as Mandates Widen, New York Times, 3. 5. 2011.

142 Gensler Evolving in Derivatives War Sees No Deed Go Unpunished, Bloomberg, 21. 6. 2011.

143 Position Limits Head for Showdown in Court, Reuters, 31. 3. 2011.

144 CFTC approves new caps on speculators, Financial Times, 18. 10. 2011.

145 Keefe, Bruyette & Wood, Position Limits: Key Issues, Timing and potential Impact, 6. 9. 2011, New York.

146 International Swaps and Derivatives Association v. US CFTC, US District Court for the District of Columbia, Case 1 : 11-cv-02146, 2. 12. 2011.

147 CFTC, Position Limits for Futures and Swaps, Federal Register / Vol. 76, No. 223 / Friday, November 18, 2011, Washington.

148 Adair Turner u. a., The Oil Trading Markets, 2003–2010: Analysis of market behaviour and possible policy responses, Oxford Institute for Energy Studies, April 2011.

149 Better Markets, Position Limits on Derivatives, Letter to the CFTC, 28. 3. 2011, Washington.

150 Cargill faces jump in trading costs, Financial Times, 1.3 2011.

151 Commodity traders hit back at planned US Futures curbs, Financial Times, 13. 6. 2011.

152 John Parsons, Massachusetts Institute of Technology, When is an end-user not an end-user?, Beitrag im Blog »Betting the Business, Financial Risk Management for non-financial Corporations«, 7. 2. 2011.

153 Beim Rohstoff-Roulette gewinnt immer die Bank, Handelsblatt, 9. 8. 2010.

154 Pimco, Commodities-Based Strategies, http://www.pimco.com / EN / Solutions / Pages / Commodities.aspx?origin=Strategies

155 Gllian Tett, Index trackers offer clues to herd behaviour, Financial Times, 26. 5. 11.

156 Commodity investment performance, Barclays, 3. 2. 2011.

157 CalSTRS Reins In Plans for a Big Bet, Wall Street Journal, 20. 11. 2010.

158 Bank Sarasin, Pressemitteilung 9. 6. 2008, Auskunft eines Banksprechers im Mai 2011.

159 National Farmers Union, Presseerklärung, 24. 6. 2009.

160 Wall Street Reform: Traditional Foes Join Forces To Take On Bankers, Huffington Post, 1. 8. 2010.

161 Senator Bernie Sanders, Stop Oil Speculation now, Presseerklärung, 15. 6. 2011.

162 Obama Calls for ›Crackdown‹ on Oil Market Trading, Voice of Amerika, 17. 4. 2012.

163 An der europäischen Getreidebörse Matif gibt es zwar Positionsgrenzen, aber diese betreffen jeweils nur die nächstfälligen Future. Für Rohstoffinvestoren sind diese nach Auskunft von Fondsmanagern nicht relevant, weil sie diese Grenzen durch

rechtzeitiges Rollen in den übernächsten Future umgehen können.

164 Josef Ackermann, Schreiben an Thilo Bode, 19. 10. 2011.

165 Expertengespräch im Ausschuss für Wirtschaftliche Zusammenarbeit und Entwicklung des Deutschen Bundestags, 27. Juni
2012, Stellungnahme von David Folkerts-Landau, Deutsche
Bank.

166 Deutsche Bank Rules Out New Food Investment Products This
Year, Dow Jones Newswire, 20. 3. 2012.

167 »Die Deutsche Bank verhält sich verantwortungslos«, Zeit Online,
24. 4. 2012.

168 Hunger auf mehr, Süddeutsche Zeitung, 9. 5. 2012.

169 Forsa, Gesellschaft für Sozialforschung und statistische Analysen,
Meinungen zu Spekulationsgeschäften mit Nahrungsmitteln,
15. 11. 2011, Berlin.

170 Friends of the Earth Europe, Farming Money: How European
banks and private finance profit from food speculation and land
grabs, Januar 2012, Brüssel.

171 Anhörung zur Regulierung der Branche für Finanzdienstleistun-
gen am 13. 1. 2010 in Brüssel.

172 Nach Angaben der EU-Kommission im Register der Experten-
gruppen, damals erreichbar unter http://ec.europa.eu/
transparency/regexpert/detail.cfm?ref=2299, nach Auflösung
der Gruppe wurden die Angaben aus dem Register entfernt. Siehe
auch: Corporate Europe Observatory, Financial Warmongers Set
EU Agenda, April 2010, Brüssel.

173 EU-Kommission gegen Agrarminister, Frankfurter Allgemeine
Zeitung, 24. 1. 2011, Commodities daily: Spectres of speculation,
Financial Times 28. 1. 2011.

174 EU-Kommission knickt vor Paris ein, Frankfurter Allgemeine
Zeitung, 27. 1. 2011.

175 Communication from the Commission to the European
Parliament, the Council, the European economic and social
Committee and the Committee of the Regions, Tackling the
challenges in commodity markets and on raw materials, Brüssel,
2. 2. 2011.

176 HM Treasury, Financial Services Authority, UK response to the Commission Services' consultation on the Review of the Markets in Financial Instruments Directive (MiFID), März 2011.

177 Christine Lagarde, Bruno Le Maire, Jean Louis Borloo, Schreiben an Kommissar Michel Barnier, 27. 8. 2010.

178 Hintergrundgespräch mit dem Autor.

179 Vorschlag für eine Richtlinie des Europäischen Parlaments und des Rates über Märkte für Finanzinstrumente zur Aufhebung der Richtlinie 2004/39/EG, Brüssel, 20. 10. 2011.

180 Europäisches Parlament, Joint Motion for a Resolution, Dokument-Nr. RC 857433EN.doc, 14. 2. 2011, Straßburg.

181 Europäisches Parlament, Bericht über den Vorschlag für eine Verordnung des Europäischen Parlaments und des Rates über OTC-Derivate, zentrale Gegenparteien und Transaktionsregister, 1. Lesung, Dokument-Nr. RR 869797DE.doc, 7. 6. 2011, Straßburg.

182 Europäisches Parlament, Amendments MiFID/MiFIR, Brüssel, Mai 2012

183 Deutsches Aktieninstitut, Verband Deutscher Treasurer, Bundesverband der Deutschen Industrie (BDI), Directive on markets in financial instruments repealing Directive 2004/39/EC of the European Parliament and of the Council, Amendments proposed by DAI, BDI and VDT to the EU-Commission's proposal, Berlin/Frankfurt, 25. April 2012.

184 Markus Ferber, Press Release, 23. März 2012.

185 Draft European Parliament Legislative Resolution on the proposal for a directive of the European Parliament and of the Council on markets in financial instruments repealing Directive 2004/39/EC of the European Parliament and of the Council (recast), 26. Oktober 2012.

186 Veröffentlicht unter: http://www.esma.europa.eu/page/Commodity-Derivatives-Task-Force.

187 Rainer Falk, Vor einer neuen Nahrungsmittel-Krise ... und am Beginn einer neuen Spekulationswelle?, in: Informationsbrief Weltwirtschaft & Entwicklung (W&E), Luxemburg, 14. August 2012.

188 Sofia Murphy, David Burch, Jennifer Clapp, Cereal Secrets, The world's largest grain traders and global agriculture, Oxfam Research Report, London, August 2012 und: Myriam van der Stichele, The blurring of hedging and speculating by physical commodity traders, Somo Discussion Paper, Centre for Research on Multinational Corporations, Amsterdam, Oktober 2012.

189 Glencore sees opportunities in U. S. drought, Reuters, 21. August, 2012.

190 Weltbank, Presseerklärung, 30. August 2012.

191 Bunge doubles its profits amid US drought, Financial Times, 25. Oktober 2012.

192 nach Angaben des International Grains Council, siehe: http://www.igc.int/en/grainsupdate/igcexpprices.aspx

193 siehe die stets aktualisierte Liste des Finanzmarktexperten Markus Henn, »Evidence on impact of commodity speculation«: http://www2.weed-online.org/uploads/evidence_on_impact_of_commodity_speculation.pdf

Weiterführende Literatur

Basistexte zur Spekulation mit Rohstoffderivaten

Ann Berg, The rise of commodity speculation, from villanious to
venerable, in: Adam Prakash, FAO (Hrsg), Safegarding Food
Security in volatile Global Markets, Rom, 2011

Nicola Colbran, The Financialisation of Agricultural Commodity
Futures Trading and its Impact on the 2006–2008 Global Food
Crisis, Paper presented at the 3rd biennial Ingram Colloquium
on International Law and Development held at the University of
Southern Wales Law faculty on 2 December 2010

Commission of the European Communities, Agricultural commodity
derivative markets: the way ahead, Commission Staff Working
Document, Brüssel, 28. 10. 2009

David Frenk u. a., Better Markets, Stellungnahme zum Vorschlag der
CFTC für neue Positions-Limits, Washington, 2011, http://
www.bettermarkets.com / assets / pdf / CL-CFTC-PL-Final.pdf

Institute for Agriculture and Trade Policy, Excessive Speculation in
Agriculture Commodities: Selected Writings from 2008–2011,
Minneapolis, 2011

Thomas Lines, Speculation in food commodity markets, A report
commissioned by the World Development Movement, London,
2010

Michael W. Masters, Adam K. White, The Accidental Hunt Brothers,
How Institutional Investors are Driving Up Food and Energy Prices,
Atlanta, 2008, http://accidentalhuntbrothers.com / ahbreports.zip

Peter Robison, Asjylyn Loder, Alan Bjerga, Amber Waves of Pain, Business Week, 22. 6. 2010

Olivier de Schutter, United Nations Special Rapporteur on the Right
to Food, Food Commodities Speculation and Food Price Crises,
Briefing Note 2, Brüssel, September 2010

United Nations Conference on Trade and Development (UNCTAD),
    Task Force on Systemic Issues and Economic Cooperation,
    The Global Economic Crisis: Systemic Failures and Multilateral
    Remedies, Kapitel III, Genf, 2009
United States Senate, Permanent Subcommittee on Investigations,
    Excessive Speculation on the Wheat Market, Washington,
    24. 6. 2009

Studien und Berechnungen zum Einfluss der Finanzinvestoren auf die Rohstoffpreise

John Baffes, Tassios Haniotis, Placing the 2006 / 08 Commodity Price
    Boom into Perspective, Policy Research Working Paper 5371,
    Worldbank, Washington, Juli 2010
Hans H. Basse, Finanzmärkte als Hungerverursacher?, Studie für die
    Welthungerhilfe, Bonn, 2011
Christopher L. Gilbert, How to Understand High Food Prices, Journal
    of Agricultural Economics, Vol. 61, No. 2, 2010
Christopher Gilbert, Speculative Influences on Commodity Prices,
    Unctad Discussion Papers 197, Genf, März 2010
Manuel Hernandez, Maximo Torrero, Examining the Dynamic Rela-
    tionship between Spot and Future Prices of Agricultural Commod-
    ities, IFPRI Discussion Paper 00988, Washington June 2010
Yasunari Inamura, Tomonori Kimata, Takeshi Kimura, Takashi Muto,
    Recent Surge in Global Commodity Prices: Impact of financializ-
    ation of commodities and globally accommodative monetary con-
    ditions, Bank of Japan Review, März 2011, Tokio
Scott. H. Irwin, Dwight R. Sanders, The Impact of Index and Swap
    Funds on Commodity Futures Markets, OECD Food, Agriculture
    and Fisheries Working Papers, No. 27, OECD Publishing, Paris,
    2010
M. Lagi, Yavni Bar-Yam, K. Z. Bertrand, Yaneer Bar-Yam, The Food
    Crises: A Quantitative Model of Food Prices Including Speculators
    and Ethanol Conversion. New England Complex Systems Institute,
    September 2011, Cambridge

Dazu: dies., Update February 2012 – The Food Crises: Predictive
validation of a quantitative model of food prices including speculators and ethanol conversion

Und: dies., Update July 2012 – The Food Crises: The US Drought

David Frenk, Review of Irwin and Sanders 2010 OECD Reports, Better
Markets, Washington, Juni 2010

Stephan Schulmeister, Österreichisches Institut für Wirtschafts-
forschung, Trading Practices and Price Dynamics in Commodity
Markets and the Stabilising Effects of a Transaction Tax, Wien,
Januar 2009

Ke Tang, Wei Xiong, Index Investment and the Financialization of
Commodities, NBER Working Paper Series, No.16385, Washington, September 2010

United Nations Conference on Trade and Development (UNCTAD),
Price Formation in Financialized Commodity Markets: The Role of
Information, Genf, Juni 2011

Studien zu Spekulation und Preisentwicklung auf dem Markt für Rohöl

Europäische Zentralbank, Do Financial Investors Destabilize the Oil
Price? Working Paper Series 1346, Frankfurt, Juni 2011

Deutsche Bank Research, Treiben Spekulanten den Rohölmarkt?,
Research Notes 32, Frankfurt, September 2009

Bassam Fattouh, Oil Market Dynamics Through the Lens of the
2002–2009 Price Cycle, Oxford Institute for Energy Studies, Oxford
2010

Michael Greenberger, The Relationship of Unregulated Excessive
Speculation to Oil Market Price Volatility, University of Maryland
School of Law, Januar 2010

Robert Pollin and James Heintz, How Wall Street Speculation is
Driving Up Gasoline Prices Today, Political Economy Research
Institute University of Massachusetts, Amherst, Juni 2011

Kenneth J. Singleton, Investor Flows and the 2008 Boom / Bust in Oil
Prices, Stanford, 23. 3. 2011

Adair Turner u. a., The Oil Trading Markets, 2003–2010: Analysis of market behaviour and possible policy responses, Oxford Institute for Energy Studies, April 2011

Wie dieses Buch entstand

Als sie von meiner Arbeit an diesem Report hörten, waren viele Kollegen sehr skeptisch. »Wie kannst du als Journalist für eine Organisation wie foodwatch arbeiten?«, fragte so mancher. Schließlich gehört es zum Ethos unseres Berufs, die eigene Unabhängigkeit zu wahren. Wer dann für einen offenkundig parteilichen Auftraggeber arbeitet, der kann dieses Gebot nicht einhalten, schlussfolgerten die Skeptiker. Das ist verständlich, aber in diesem Fall gleichwohl ein Irrtum. Tatsächlich habe ich selten zuvor eine Recherche und das anschließende Aufschreiben so gründlich nach klassischen journalistischen Kriterien betrieben wie in diesem Fall. Offenheit für die Argumente beider Seiten, mindestens zwei voneinander unabhängige Quellen für alle wichtigen, aber umstrittenen Aussagen, kritische Prüfung der Arbeit durch Fachleute auch aus den kritisierten Unternehmen – all die Regeln, die im hektischen journalistischen Alltag aus Zeitmangel leider viel zu oft unter den Tisch fallen, habe ich bei dieser Arbeit strikt befolgt.

Dabei war das Projekt ursprünglich aus der Not geboren. Es war im Frühjahr 2010, als foodwatch-Chef Thilo Bode mich erstmals auf das Thema ansprach. Weil ich viel über die Finanzmärkte geschrieben hatte, suchte er meinen Rat. Er hatte davon gelesen, dass Kritiker die »Spekulanten« für überhöhte Preise auf den Märkten für Agrarrohstoffe verantwortlich machten, und wollte diese Frage genauer untersuchen lassen. Darum fragte er mich nach Ökonomen, die vielleicht eine solche Studie für foodwatch erarbeiten könnten. Weil ich das Thema bis dahin nicht bearbeitet hatte, konnte ich keine bestimmten Experten vorschlagen. So nannte ich ihm nur einige renommierte

Forschungsinstitute, insbesondere das Kieler Institut für Weltwirtschaft, von denen ich wusste, dass sie die Expertise und Kapazität für eine solche Untersuchung haben. Das war nicht viel. Aber dafür hatte er mein Interesse geweckt, und ich begann bei meiner täglichen Medienlektüre auf das Thema zu achten. Als wir im Herbst 2010 erneut darüber sprachen, berichtete Bode vom frustrierenden Verlauf seiner Suche nach einem Experten für die von ihm gesuchte Aufklärung. Alle angesprochenen Wirtschaftsforscher, er sprach von einem Dutzend verschiedener Institute, hatten ihm einen Korb gegeben.

Das fand ich interessant. Warum wollten all die Ökonomen, die doch stets auf der Suche nach zusätzlichen Forschungsmitteln sind, nicht gegen marktübliches Honorar eine solch scheinbar simple Frage bearbeiten? Eine schnelle Archivrecherche lieferte mir die Antwort: Hier ging es um eine hochgradig umstrittene Frage, bei der viel Geld im Spiel ist und ein Forscher es sich bei falscher Positionierung mit vielen potentiellen Auftraggebern verderben konnte.

Ich muss zugeben: Bis dahin hatte ich keine Ahnung. Mir schien die Vorstellung, dass Spekulanten weltweit die Getreidepreise treiben könnten, eher abwegig. Da ging es mir genauso wie den meisten uninformierten Ökonomen. Schließlich macht das Verhältnis von Angebot und Nachfrage den Preis. Wenn überhaupt, dann hielt ich am ehesten die großen Getreidehandelsunternehmen Cargill, ADM und Bunge für fähig, die Preise zu manipulieren. Diese kontrollieren immerhin rund zwei Drittel des globalen Getreidehandels. Zudem verfügen sie über große Lagerkapazitäten und könnten theoretisch als Kartell für eine künstliche Verknappung sorgen. Aber Finanzanleger? Das schien mir abwegig. Doch dann las ich den Vortrag, den der amerikanische Hedgefondsmanager Michael Masters schon 2008 bei einer Anhörung im amerikanischen Senat gehalten hatte. Demnach war es die schiere Masse anlagesuchenden Kapitals, welche die Preise an den Rohstoffbörsen verzerrte. Und diese floss nur infolge des geschickten Marketings der Finanzindustrie auf die Rohstoffmärkte, und das auch nur, weil die zugehörigen Börsen zuvor von allen früheren Regeln befreit worden waren.

Da sprach ein Fachmann. Und gleichzeitig wurde dieser von seinen Kollegen aus der Finanzbranche massiv angefeindet. Das war ein spannender Stoff – und eine ungeheuer wichtige Frage. Wenn es wirklich sein konnte, dass die Akteure an den Finanzmärkten aus kurzfristigem Gewinninteresse dazu beitragen, das furchtbare Schicksal der Hungernden zu verschlimmern, dann musste darüber berichtet werden. Aber zugleich war mir klar, dass ich einen solch komplexen Stoff im Normalbetrieb der Zeitung nicht recherchieren konnte. Darum rief ich Bode erneut an und machte ihm einen Vorschlag: Anstatt einer ökonomischen Expertise, so bot ich ihm an, könnte ich einen Report liefern, der zwar nur journalistisch verfasst wäre, aber dafür gründlich recherchiert. Wie das Ergebnis ausfallen würde, sollte aber ausdrücklich offenbleiben. Es könne auch sein, dass sich die Vorwürfe nicht erhärten lassen und die ganze Kritik übertrieben sei, sagte ich. Bode willigte ein. Großzügig gewährten mir die Chefredakteure des Tagesspiegels, Stephan-Andreas Casdorff und Lorenz Maroldt, eine unbezahlte Auszeit über sechs Monate. Und ebenso großzügig übernahm der Hamburger Unternehmer und langjährige Förderer von foodwatch Alexander Szlovak die Kosten für mein Gehalt und die Recherche.

Aber so schnell und einfach diese Entscheidung fiel, so aufwendig gestaltete sich die eigentliche Arbeit. Verblüfft war ich vor allem über die Fülle an Artikeln und Studien, die zu dem Thema vor allem in den USA bereits publiziert waren. Fast einen Monat verbrachte ich damit, mir zunächst einen Überblick zu verschaffen. Die »Heuhaufenphase« nenne ich diesen Arbeitsschritt, mit dem ich komplizierte Themen meist beginne.

Sichten, was schon veröffentlicht wurde, kann viel unnötige Arbeit ersparen. Dabei waren in diesem Fall Marita Wigger-thale, Fachfrau für Agrarfragen bei Oxfam und Markus Henn, Finanzmarktexperte beim entwicklungspolitischen Thinktank WEED, eine große Hilfe. Sie kannten sich aus, und ohne sie hätte ich viele wichtige Artikel und Studien erst viel später ge-funden. Sie führten mich ein in die Kontroversen und kniffli-gen Fragen der Debatte und vermittelten mir den Zugang zum weltweiten Netzwerk der Aktivisten, die sich damit befassen. So ließ sich frühzeitig klären: Bei der Spekulation mit dem Hunger ging es nicht um eine finstere Verschwörung, die konspirativ in Hinterzimmern verabredet wird. Im Gegenteil: Der mögliche Skandal, um den es geht, findet in aller Öffentlichkeit statt, nur dass ihn die Akteure als solchen gar nicht wahrnehmen.

Doch auch nach der umfangreichen Lektüre war ich mir sehr unsicher, wie die Frage nach der Rolle der Spekulation bei der Preisbildung für Rohstoffe tatsächlich zu beantworten war. Ins-besondere der Einwand des Ökonomen Paul Krugman, die Kri-tik an der Spekulation sei »spekulativer Unsinn«, gab mir zu denken. Nicht, weil der Mann ein weltberühmter Nobelpreis-träger ist, sondern weil ich ihn als ausgewiesenen kritischen Kopf in anderem Zusammenhang kenne und schätze. Dass die-ser scharfsinnige Ökonom, der oft genug auch gegen den Main-stream seiner Zunft anschreibt, an diesem Punkt falschliegen könnte, erschien mir unwahrscheinlich.

Und ein weiterer Punkt machte mir zu schaffen: Ich verstand vieles einfach nicht. Wie funktioniert der Future-Handel? Wer handelt da mit wem? Welche Rohstoffderivate gibt es sonst noch? Was sind Rohstoffindexfonds?

Da half nur eines: Raus ins wirkliche Leben und Fachleute befragen, deren tägliches Geschäft der Rohstoffhandel ist. Da-bei war der erste Versuch gleich ein Flop. In der Annahme, den großen Überblick müssten doch die Fachleute der FAO, der

Landwirtschaftsorganisation der Vereinten Nationen, haben, reise ich nach Rom. Dort hat auch das Welternährungsprogramm der UN (WFP) seinen Sitz. Deren Einkäufer sind fortwährend am Markt für physisch gehandeltes Getreide aktiv. Sie sollten mir doch erklären können, wie die Preise zustande kommen. Doch beide Annahmen erwiesen sich als Irrtum. Die beiden zuständigen FAO-Ökonomen hatten wenig mehr zu bieten als rein theoretische Überlegungen. Dass ihre Theorie die extremen Preissprünge im Krisenjahr 2008 nicht zu erklären vermochte, interessierte sie nicht. Auch die Einkäufer des WFP konnten mir nicht weiterhelfen. Sie berichteten, dass sie den Kauf des zur Ernährung der Menschen in den Krisenregionen benötigten Getreides stets einfach ausschreiben und das günstigste Angebot annehmen. Ob und wie diese Preise durch das Geschehen an den Börsen für Rohstoffderivate beeinflusst werden, dazu konnten oder mochten sie nichts sagen.

Umso hilfreicher war dafür in der Folgewoche das Gespräch mit den Experten einer Bank, die zwar nicht die Deutsche war, aber gleichwohl in Deutschland zu den größten zählt. Der dort für die Rohstoffmärkte zuständige Ökonom erklärte ganz offen, dass die Preisbildung nach seiner Erfahrung keineswegs nur dem Wechsel von Angebot und Nachfrage folge. Insbesondere der Ölpreis unterliege ganz offensichtlich auch anderen Einflüssen. Noch wichtiger war, dass er mir ein Gespräch mit einem der Händler seiner Abteilung vermittelte. An dessen mit einer ganzen Batterie von Bildschirmen gespickten Arbeitsplatz im großen Handelssaal der Bank konnte ich lernen, wie das Geschäft praktisch läuft. Mit welcher Leichtigkeit Kontrakte über zigtausend Tonnen Getreide und andere Rohstoffe zu tätigen sind, wie die Preise sich bewegen und wie es im Alltag funktioniert, wenn ein Handelskonzern sich über eine Bank als Dienstleister eine Absicherung gegen Preisschwankungen kauft. Eine ganz ähnliche Hilfestellung leistete auch der Manager eines Roh-

stoff-Fonds einer Schweizer Bank. Geduldig erklärte er mir die
Feinheiten der angewandten Finanzinstrumente, und das obwohl er die Kritik daran keineswegs teilte.

Mindestens so wichtig war auch die darauffolgende Begegnung mit dem Landwirt Heinrich Heitmüller, der auf Rügen einen der modernsten Getreidebetriebe Deutschlands führt. Er beantwortete die Frage nach dem richtigen Preis für seine Ernte lachend mit dem Tippen auf sein Smartphone, das ihm sofort den aktuellen Börsenpreis für Weizen und Raps zeigte, gleich ob zur Lieferung in diesem Monat oder im nächsten Jahr. Und er versicherte, dass fast alle seiner Kollegen es so halten. Die Frage, ob die Börse für die eigentlich rein finanziell abgewickelten Getreidederivate auch den Preis im physischen Handel bestimmt oder nicht, war damit ganz praktisch beantwortet.

Entscheidend für mein Urteil, dass die Kritiker richtigliegen, waren jedoch zwei Gespräche in Brüssel und ein Anruf in Chicago. Dort erreichte ich Ann Berg, die bis 1997 selbst mit ihrer kleinen Firma an der Getreidebörse von Chicago spekuliert hatte und dort sogar Mitglied des Börsenvorstands war. Auf sie war ich gekommen, als ich einen von ihr hervorragend geschriebenen Artikel über die Geschichte der Getreidespekulation in einem Sammelband der FAO fand. Daraus ging hervor, dass sie dem heutigen Geschehen an ihrem früheren Arbeitsplatz höchst skeptisch gegenübersteht. In einem langen Gespräch erklärte sie mir en detail, warum die Deregulierung ein Fehler gewesen sei und der Einfluss der spekulativen Anleger heute jedes vernünftige Maß überschreite. Das erschien mir sehr überzeugend. Diese Frau verstand schließlich das Geschäft aus eigener, jahrelanger Erfahrung.

Kurz darauf traf ich in Brüssel Olivier de Schutter, den UN-Sonderbeauftragten für das Recht auf Nahrung. Schutter, von Haus aus Jurist, ist ein streng wirkender Mann, der Gesprächspartner seinen analytischen Scharfsinn schnell spüren lässt. Er hatte mit seinen Mitarbeitern die gleiche Fragestellung systematisch untersucht und war zu dem Schluss gekommen, dass die Nutzung der Rohstoffbörsen für die Kapitalanlage zweifellos die dort ermittelten Preise massiv verzerrt. In der Annahme, die Lektüre seiner Studie würde alle meine Fragen beantworten, hatte er zunächst gerade mal eine Viertelstunde für mich eingeplant. Doch als ich ihm die Einwände von Krugman und anderen Befürwortern des unbegrenzten Handels mit Rohstoff-Futures vorhielt, nahm er sich die Zeit, diese im Detail mit mir durchzugehen. Und keines der vielen Gegenargumente blieb unwiderlegt.

Am selben Tag traf ich auch Tassos Haniotis, der als Agrarökonom bei der EU-Kommission sein ganzes Berufsleben mit der Untersuchung des Geschehens auf den Agrarmärkten verbracht hatte. Haniotis berichtete, dass er bis 2008 ebenso wie Krugmann die Börsenspekulation für irrelevant gehalten habe. Nur dass die Preise dann immer häufiger so gar nichts mehr damit zu tun hatten, was seine Daten über das verfügbare Angebot sagten. Sein Freund und Kollege John Baffes, der bei der Weltbank in Washington seit vielen Jahren die Rohstoffmärkte studiert, habe dann den Anstoß gegeben, dieses Phänomen genauer zu untersuchen. Gemeinsam hatten sie sich an die Auswertung aller verfügbaren Daten und Literatur gemacht. Das Ergebnis, so sagte er, entsprach so gar nicht seiner Überzeugung. Aber seitdem sei für ihn völlig klar, dass die Spekulation an den deregulierten Rohstoffbörsen ein entscheidender Faktor für die Preisbildung geworden sei.

Nach diesen und weiteren Gesprächen war auch ich überzeugt: Der Missbrauch der Rohstoffbörsen für die Kapitalanlage ist unverantwortlich. Doch fürs Schreiben des versprochenen Reports fühlte ich mich immer noch nicht genügend vorbereitet. Es fehlte noch der eigentliche Härtetest. Würden meine Argumente auch den Einwänden eines überzeugten Be-

fürworters und Praktikers des umstrittenen Geschäfts stand-
halten? So machte ich mich auf die Reise in die Höhle des Lö-
wen. Ein Bekannter von Thilo Bode vermittelte ein Gespräch
mit dem Chefstrategen einer großen amerikanischen Investmentbank, der sich zuvor auch schon öffentlich zum Thema
geäußert hatte. Voller Spannung reiste ich daher nach New
York, in der Hoffnung, dort eine interessante Debatte zu führen, die mir meine Lücken aufzeigen sollte. Doch das ging
gründlich daneben. Dort machte ich zum ersten Mal die Erfahrung, die sich mit der Deutschen Bank, dem Raiffeisenver-
band und einigen deutschen Ökonomen wiederholen sollte.
Die Täter und ihre Apologeten haben an der Auseinandersetzung über die praktischen Details und Auswirkungen ihres Geschäfts kein Interesse. Der Chefstratege und der ihn begleitende
Leiter des Rohstoffhandels ignorierten jedes Argument. Stattdessen versuchten sie mir zu erklären, dass ich vermutlich den
Markt nicht verstehe und sie nur ein gutes Werk tun, indem sie
allen Getreide- und Rohstoffproduzenten der Welt eine Preissicherung ermöglichen. Den Einwand, dass der von ihnen organisierte massenhafte Einstieg von Kapitalanlegern das notwen-
dige Maß für die Preissicherungsfunktion der Börsen um ein
Vielfaches übersteige, stritten sie einfach ab. Als ich die entsprechende Statistik der US-Aufsichtsbehörde anführte, erklärten
sie diese für falsch. Auf meinen Hinweis, dass doch selbst ihre
eigenen Analysten vom Einfluss der Spekulation auf den Ölpreis geschrieben hatten, sagten sie, das sei von einer Nachrich-
tenagentur missverstanden worden. Als ich daraufhin den entsprechenden Analystenbericht noch einmal durchgehen wollte,
beendeten sie unter Hinweis auf die abgelaufene Zeit das Gespräch. Auch eine Erfahrung, dachte ich.

Zum Glück war die Reise nicht ganz nutzlos. Denn anschließend traf ich in Washington David Frenk, der vordem selbst für
einen Hedgefonds mit Rohstoff-Futures handelte und heute für

die Organisation Better Markets arbeitet, die für die Regulierung der Finanzmärkte streitet. Ohne die Arbeit von Frenk und seinen Kollegen, das sei offen eingeräumt, wäre dieser Report gar nicht möglich gewesen. Sie haben, so wie ihr Sponsor, der oben erwähnte Fondsmanager Masters, ganz entscheidende Arbeit bei der Aufklärung der komplexen Zusammenhänge geleistet. Frenk führte mich in die Details der Daten der US-Börsenaufsicht ein, lieferte mir wertvolle Beispiele aus der Praxis, erklärte mir den Zusammenhang zwischen den außerbörslich gehandelten »swaps« und den Future-Börsen und vieles mehr.

Trotzdem blieben viele Lücken. So ließ der Sprecher der US-Aufsichtsbehörde CFTC ein zuvor vereinbartes Gespräch mit einem der Behördenexperten einfach platzen. Auch bin ich bei der Recherche über die Rolle der großen Getreidehandelskonzerne kläglich gescheitert. Diese betreiben gleichzeitig sowohl das Geschäft mit der finanziellen Spekulation als auch den physischen Handel, haben also gleich doppelt die Möglichkeit, von den Preisbewegungen zu profitieren. Mit hohem Aufwand habe ich versucht, vertraulich ins Gespräch mit Insidern dieser weltumspannenden Unternehmen zu kommen. Doch über ein paar freundliche Worte mit einigen Juristen und Pressesprechern bin ich nicht hinausgekommen. Die Welt des Rohstoffhandels ist ein closed shop, zu dem Journalisten keinen Zutritt erhalten.

Aber auch ohne diese Informationen gab es nach der Rückkehr aus den USA mehr als genug zu schreiben. Den spannenden drei Monaten Recherche folgten drei Monate der Mühen des Aufschreibens, unterbrochen immer wieder vom Lesen des endlosen Nachrichtenstroms zum Thema. Dabei machten nicht die Beispiele und die vielen Studien und Experten die meiste Arbeit. Viel schwieriger waren jene Abschnitte, die erklären, um was es eigentlich geht. Ich weiß nicht mehr, wie viele Versionen der Kästen über die Funktionsweise von Futures und Börsen es gab, aber es waren viele, und der Satz, den ich von

Thilo Bode und seinem Pressechef Martin Rucker schließlich am meisten fürchtete, war: »Das verstehe ich immer noch nicht richtig.« Die Mängel, so bescheinigten später viele Leser, konnten dann doch noch weitgehend behoben werden. Sogar der erwähnte Rohstoffökonom einer deutschen Großbank schrieb, »die Studie [sei] schlüssig aufgebaut, (meist) inhaltlich korrekt und sehr gut geschrieben«.

Die Einschränkung deutet an, dass der Report gleichwohl Fehler enthält. Alles andere wäre angesichts der komplexen Materie merkwürdig. Doch anders als erwartet, hat bisher kein einziger der Kritiker diese Fehler konkret benannt. Umso häufiger gab es pauschale Zurückweisungen. Nicht nur der Chefhändler für Rohstoffe der Deutschen Bank bezeichnete ihn als »völlig fehlgeleitet« (totally misguided). Ein ähnliches Urteil fällten auch der Kölner Ökonom Steffen Roth oder der Wirtschaftsethiker Ingo Pies von der Universität Halle, der ihn für »einseitig« und »unwissenschaftlich« befand. Mag alles sein. Doch zu gerne würde ich eine Aufstellung darüber lesen, welche der getroffenen Aussagen denn nun nachweislich falsch sind. Bisher warte ich darauf vergeblich.

Danksagung

Mein besonderer Dank gilt Marita Wiggerthale und Markus Henn, die mir mit viel Geduld und Hilfsbereitschaft den Einstieg in das Thema erleichtert und ihre große Sachkenntnis beigesteuert haben.

Sehr dankbar bin ich auch all den Fachleuten, die mir ihre Zeit geopfert haben, um mir die komplizierten Zusammenhänge zu erläutern und zusätzliche Quellen zu erschließen, insbesondere Michael Alt, Ann Berg, John Baffes, Dominique Ehrbar, David Frenk, Tassos Haniotis, Detlev Kock, Theodore Margellos, Steve Strongin und Eugen Weinberg.